大学文科实践系列教材

国际贸易业务实训

主　编　侯海英　栾　红
副主编　王　洋　朱振荣

经济科学出版社

图书在版编目（CIP）数据

国际贸易业务实训／侯海英，栾红主编．—北京：经济科学出版社，2007.3

（大学文科实践系列教材／李朝鲜主编）

ISBN 978－7－5058－6153－4

Ⅰ．国…　Ⅱ．①侯…②栾…　Ⅲ．国际贸易－贸易实务－高等学校－教材　Ⅳ．F740.4

中国版本图书馆CIP数据核字（2007）第028229号

总　　序

现在，呈现在您面前的是一套体现现代教育思想的探索性实践教材。当您打开这套书的时候，实际上您已经走上了这条探索之路，在这个探索过程中，您将成为探索的主体、探索的参与者和当事人，您已不再是被动地被灌输的对象。

现代教育的理念，已不仅仅是传授知识，还要演示知识，并调动学生主动、积极地学习知识。在主动学习的过程中，将知识转化成能力，转化成创造能力；养成一种宝贵的主动参与意识和参与能力，养成权利责任与科学理性精神。

这是建设创新型国家的需要。创新型国家需要创造性人才，创造性人才要求有创造型教师，创造型教师必须具备现代教育理念，这种教育理念的载体之一，就是要有适合培养创造性人才的教材。这一套具有全新理念的教材，归纳起来，有两大显著特征：

一、将理论与实践在教材内部有机地结合起来。我们的教育一贯倡导理论与实践结合。以往的绝大多数教材在理论与实践的结合上，往往是在教材之外的结合。在教材里或在课堂上学的是基本理论；实践，是在教材或课堂之外进行的。也就是常说的实验、实地调查、现场参观，到业务部门实习，撰写调查报告、实验报告或论文写作等等，并把这当成惯例，一堂堂、一年年地传承下来。使理论与实践的结合，总有一种“体外结合”式的课外与课间的结合，或是在教材外的结合，这种结合，总有一种“两张皮”似的感觉，不那么紧密。而这套教材，则是将理论与实践，在课程内部、教材内部相结合，在这里，上的是实践课，是突出实践，是将基本原理、基本方法、基本技能紧密地融为一体。您在这里，再也没有只带个耳朵的感觉，你已不再只是听，而是亲自看，亲自做，是真正的听、看、思、做紧密结合。

比如，《ERP沙盘实战》是将进入该课程的学生组成若干团队，分别接管完全相同的若干个企业，构成相互竞争的市场。他们得在瞬息万变的环境中为自己的企业制定规划，付诸实施，并在生存中求得发展。他们需要理解并遵守运行规则（经济法）、安排筹资投资（财务管理学）、决定订货方案（市场营销学）、完成生产运行（企业管理）、进行经营成果核算（会计学）、掌握市场和其他企业的动态（信息学）、互相检查和监督规则执行情况（审计学）。这一切活动，都要由团队内的5~6名学生自己完成。教师则负责指导和帮助总结。该课程整合了多个学科并通过模拟的方法将专业知识用于企业经营，具有鲜明的时代性和前沿性。在课程中，学生将进入场景担任角色亲身体验一个企业经营的完整流程，亲自操作资金流、物流、信息流及其协同；理解企业实际运作中各个部门的相互配合，亲验团队的力量和自己的作用。实践报告的编写、课间的小结和课后的总结，更让每位同学从树林中走出来，从理论高度俯视回顾自己和同学的实践经历：享受成功；发现不足；明确努力方向！在这里，苦学、孤立、被动没有了，取而代之的是快乐、团队和主动。实践活动使得专业知识在学生的大脑中扎根发芽，不断增加的新知识则让这棵能力之树愈加根深叶茂。

再举个例子，在其他课堂上讲的《第三方物流》课，基本上是从定义、概念、组织、功能、岗位、职能、管理原理、方式、方法、业务流程等讲起，这些内容对于初学者来讲，既抽象又空洞，缺乏真实感，不知第三方物流为何“物”。基本上是在课堂上学完、听完、考完后则忘完，原物奉还给老师。一旦到了业务部门就有一种一切都得从头学的感觉。在这里，这一切都发生了根本性的变化。现在的《第三方物流》课，变成了《第三方物流仿真与实践》。您在这里再上这门课的时候，首先映入您眼前的是一个实景沙盘，在这里，第三方物流的概念、运作方式、业务组成部门，每批货物的流向，路经什么环节，各业务岗位环节是怎样联系起来的？一切井然有序、科学合理，一目了然，是一个看得见、摸得着的大系统。在这个边听、边看、边思考的过程中，您不觉得这一节课过得太快了吗？学也其乐融融，教也轻松愉快，再也不是学海无涯“苦”作舟了。在这里抽象空泛变成了真景实感；枯燥乏味变成了生机盎然；再也没有了“被人灌输”那种局外人的感觉，参与意识已从心生，学下去吧！参与能力要渐渐养成！

在这些课程上，既有知识的演示，又有师生互动，角色互换，同学们在仿真实践环境中亲历实际业务角色，通过动手操作，动脑设计，在电脑上完成作业，提出自己的创意，解决自己的问题，看看同学们的看法、做法，再听听主讲教师的小结，现代教育理念在这里得到了实际的体现！

以上仅仅是举几个实例，本系列20多门课程和教材都将按照这样一种现代教育的理念与您一部一部去探索。

二、教师有亲历实践经验。这种教材内部的理论与实践的结合，是怎样实现的？是老师，是主编，是有实践经验，有科研能力，同时又热爱着教育事业的主编老师，他（她）们，大多来自实践第一线，有亲历实践的经验，比如《银行信贷管理与风险控制》的作者李智博士，就是中国工商银行总行高级经济师，他曾在中国信托投资咨询公司担任多个重大项目组及大型银团项目负责人，现任中国工商银行总行信贷审批中心主审查人。李智博士拥有较高的学术素养，在风险管理、银行经营管理等方面发表过多篇著述，参与了甘肃省、教育部等多个重大课题研究工作，并拥有多年丰富的实际工作经验，对我国金融发展及金融机构经营管理变革有全面深刻的见解。《银行信贷管理与风险控制》这门课全面系统地介绍了商业银行信贷业务流程中的风险控制措施，从多个角度系统地介绍了信贷业务及其风险管理的基本内容，并着重讲解信用风险管理的流程、技术与体系。该课程在授课过程中紧密结合金融界实务和发展趋势，加入了国内外银行的丰富案例，通过对不同行业、不同地区、不同条件客户的信贷案例实例分析，能使学生初步掌握银行信贷业务特点和信用风险管理的要点，并培养学生良好的风险意识和风险识别能力。大量的商业银行信贷业务实例及课堂讨论，开阔了学生视野，增强了学生实际业务操作技能。

又如，《证券交易实践》的主编王忠国先生，原是中国人民大学金融学院硕士，2001年以来，一直从事职业操盘手工作，在股市实战中形成了独特的证券投资理念，他曾在北京、武汉、宁波等地多次讲授证券实战中的“高控盘战法”、“超跌股战法”；也曾在多家营业部多次讲解股市中的有关重大问题。由他主编的《证券交易实践》是一本金融专业学生必读的实践教材，是学生学习理论联系实际的必要环节。该书主要讲述证券投资的基本操作方法，揭示证券市场运行的一般规律，同时介绍风险控制的理论与实践，为学生提供了实践创新的有益平台。

再如，《企业管理模拟实践方法与策略》主编王真，不仅具有深厚的理论功底，而且具有丰富的实践教学经验。该教材是通过前导性模拟实践、沙盘模拟实践、计算机人机对抗模拟实践和国际企业管理挑战赛（GMC）等四大模块组成的模拟实践。该书主要是指导学生进行实操性的训练，使学生了解企业经营管理的环境，掌握企业生产、经营和管理的基本环节和基本流程，锻炼和培养学生分析问题、解决问题的能力。该书还融入了大量的分析、讲评和延伸性的讨论。例如：每项实训的“决策要点”，深入浅出地为学生做了精要的讲解，其中不乏真实企业经营管理实践的精华写照。而每项实训的“问题讨论”，又将实训引向更深层的研究，从而启发学生积极思考，究元决疑，追求卓越，达到经营管理的更高境界。

容不一一再述，正是由于担任这套教材撰写工作的各位主编的广学强识和实践经验，才熔铸了这套教材所独具的特征，有了这套教材和这些教师，再加上先进、适用的实践环境以及同学们的积极参与，为编这套教材所要达到的目标，还能不会实现吗？试试吧！

不知如此赘言可是为序。

恭祝创新成功！

中国人民大学商学院教授　博士生导师

李金轩

2006年6月于洵桥泊屋馆

总前言

认识来源于实践，又服务于实践，实践既是认识的源泉，又是认识的深化和提高。唯物辩证法的认识论揭示了人们认识过程的客观规律。高等教育遵循这一规律并不断探索其在教学过程中的具体应用。高等院校在深化教育教学改革的进程中，对实践教学的研究与探索从来都没有停止过，实践教学作为教学过程的重要环节，日益受到广大教师的重视。

随着经济的快速发展和社会的不断进步，市场不仅对人才的知识结构、思维模式、创新意识等提出了更高的要求，而且对大学毕业生的工作适应能力和动手实践能力也提出了进一步的要求。如何改进现有的教学模式，给学生创造更多的实践机会和提高职业技能，培养学生的动手能力和自主创新能力，使之成为能够尽快适应社会环境的合格毕业生，是高等教育教学改革的一个重要方向和主要内容。

大学文科实践系列教材是北京工商大学针对高等院校深化教育教学改革，彰显办学特色，探索实践教学模式而面向社会精心设计并推出的一套全新的实践系列教材。全套教材以现代教育技术理论为指导，以实践课程为依托，以相关学科的实际业务流程作为教材主体结构和教材体系的核心内容，充分体现了“以人为本”的现代教育理念。在编写体例、行文风格等方面都有别于传统的理论教材体系，充分体现出自主创新能力。

本套教材共分为经济金融、企业管理、财务会计三大板块，其主要特色有以下方面。

1. 科学的目标定位，重点突出实践教学。以实践课程为依托，强化“实践育人”，增强学生的实际操作能力，实现符合市场和就业需要、科学发展的教学目的和培养目标，在教学培养目标方面具有自主创新性。

2. 科学的结构设计，重点突出业务系统和流程。以经济管理类的相关学科的企业或公司的实际业务流程为基础，以现代化实验室设备、软件及其实践环境为背景条件，运用现代教育理论，在教材结构上重点突出实践、实战或模拟，在教材的结构方面具有自主创新性。

3. 科学的体系设计，重点突出业务操作。全套教材的体系，首先以实践准备为开篇，介绍课程的基础理论、入门指导和学习目标；其次以实践主题和实践环节组成业务训练单元；最后以实践报告作为综合训练和总结，在教材模式和体系方面具有自主创新性。

4. 独特新颖的版面设计，图文并茂，重点突出可读性和实用性。教材版面组合包括：文字阐述、流程设计、场景画面等，新颖的版面设计使教材具有可视、可读和实用性，在版面设计方面具有自主创新性。

5. 具有广泛的读者群和潜在的市场价值。本套实践教材独特实用，图文并茂，通俗易懂，既可作为全国各高等院校同类实践课程的正规教材，也可作为企业、公司和相关机构职员的培训教材。

本系列教材由北京工商大学长期从事本科教学的教师和部分从事经济、金融、管理等领域具有丰富实际经验的专家共同编写而成。但编写实践系列教材是一项原创性工作，可供借鉴的经验很少，难免出现各种纰漏和不足，恳请社会各界人士及广大读者批评指正。

北京工商大学
文科实践系列教材编委会

本书前言

在中国对外贸易迅猛发展的今天，市场对外贸人才的需求与日俱增，不仅对人才的知识结构、思维模式提出更高的要求，而且对大学毕业生的工作能力和动手实践能力也提出进一步的要求，对高等院校人才培养的模式及教材的改革也提出挑战。

在国际贸易理论课的教学过程中，我们颇有感触的是：一个外贸专业的本科毕业生，可能对国际贸易的地位和作用有足够的认识，对外贸中的国际惯例和常见的贸易术语也记得牢固，甚至每门专业课也有不错的成绩。但是，在面对一单实际的外贸业务时就可能表现得束手无策。究其原因，就是“理论与实际相脱节”的老生常谈。

《国际贸易业务实训》编写目的就是要试图解决这一问题，同时为实践教学、课程改革提供有利的教材支撑。本书旨在帮助读者在已有的理论基础上，全面、系统、迅速地熟悉并掌握国际贸易业务操作的流程及基本技巧，把学过的知识转化为能力。

目前，国内关于国际贸易和实务操作的教材已有相当数量，且均各有所长。与之相比，本书的特点在于：

1. 场景仿真模拟

本书为读者创建了一个全程参与的亲历式的场景学习模式。在这里，读者是以一个演员的身份置身于国际贸易业务的场景仿真模拟中，在已掌握的国际贸易理论知识的基础上，对每一步操作再形成一个全新的感性认识，从而在亲身体验的过程中掌握国际贸易业务操作的基本步骤和技巧。

2. 分解与综合并举

本书以国际贸易业务流程为主线，将其分解为建立业务关系、交易磋商及合同的签订、开立审核及修改信用证、装运出口、制单结汇、业务善后六大场景主题，每一个场景主题都是对国际贸易业务环境的仿真模拟。

为了让读者接触更多的事例，书中采取一个场景模拟分别贯穿一个场景主题的形式，丰富读者的场景体验。特别要指出的是，我们在每一个大的场景主题下，又分解出若干小场景，这些小场景不仅可以连贯成整套国际贸易业务流程，同时每个小场景又可以独立成篇，单独学习，这体现了本书各部分即独立又连贯的特点。

最后，本书安排了国际贸易业务综合实训，即在实训总结篇中，将全部的业务环节在一个大场景模拟中完成，加强读者对国际贸易业务的全面认识和掌握。

3. 图文并茂、 快乐学习

为了能让读者在快乐中学习、在实践中掌握，本书以易看易懂为原则，避免只用文字说明的枯燥乏味，将指导读者进行业务操作的内容尽量采取图文并茂、新颖、灵活的形式展示出来，使得操作过程一目了然，操作步骤清晰易懂。在整个的场景模拟学习过程中，如果读者能够积极、主动和创造性地参与，做到在“干中学”，知识自然就会在轻松、愉快和“游戏”的氛围中获取。同时，在主动学习的过程中，也会自然地培养自己的实际动手能力。

4. 与实验室授课相辅相成

本书的编写是以实验教学为依托，重点突出它的实用性和操作性。在教学中配合使用贸易实战的教学软件将达到锦上添花的效果。教学软件系统平台将模拟一个开放的竞争的仿真国际贸易环境。在这个环境中，存在多家进出口公司，每家进出口公司都可以查询各类贸易信息。每位学员将作为一家贸易公司的业务员，通过网络环境，独立地从事国际货物买卖业务。在这个过程中，学员不仅要娴熟高效地进行正常的业务操作、赢得利润，而且也必须通过反复实践来学习处理贸易中出现的各种困难和问题、规避风险、降低损失。

本书可以作为高等院校国际贸易实务模拟或实践课的教材，也可以作为外贸行业各类培训之用，以及相关专业学生、从事外贸业务工作人员的参考资料。全书由侯海英、栾红设计框架结构和写作思路并担任主编，朱振荣、王洋担任副主编。

本书的成功出版与北京工商大学文科实践中心秦艳梅教授的全力支持分不开，同时也得到北京工商大学经济学院诸多同仁的支持。此外，本书在编写过程中得到了多家进出口公司的鼎力帮助，获取大量的实务资料和单证样本，还参阅和引用了国内外有关论著的资料和观点。在此一并致谢。

限于编者的水平，书中缺点及纰漏在所难免，恳请读者及各位同行批评指正。

编者

2007 年 1 月 30 日

国际贸易业务实训

目录 Contents

实训准备篇

理论知识准备

从事国际贸易业务即要有良好的专业素质，又要有一定的理论功底和广博的知识面，而本书的内容主要侧重于业务的训练操作，对相关的理论知识不会过多讲解，但为了帮助学习，我们在教材的相应位置加入了“知识点链接”。应该提及的是，这些知识点链接只是作为实践国际贸易业务操作的一种辅助，更多的基础理论知识要依靠读者先前的学习和掌握或在今后加以弥补，这样才能够做到对国际贸易业务的充分、正确地理解，也才能在实际的国际贸易交往中做到游刃有余。

因此，预先掌握国际贸易的理论知识是必要的，而亡羊补牢是必须的！那么在从事国际贸易业务中需要掌握和了解哪些相关理论知识？请参看下图！

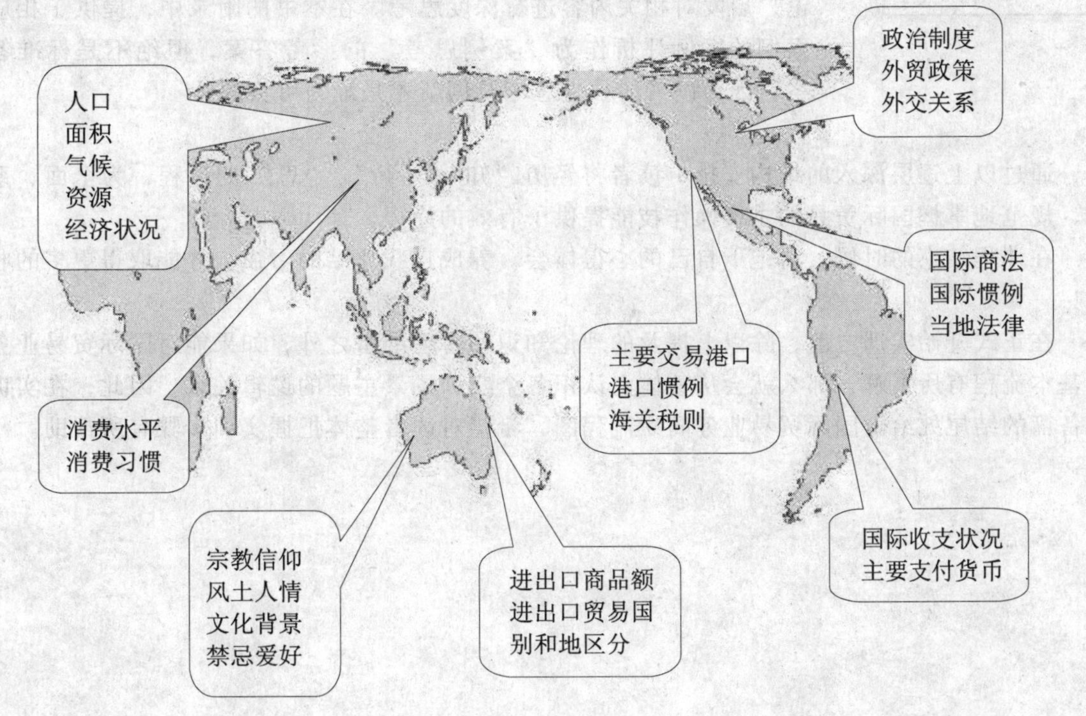

实训心理准备

在学习和使用本书时要有充分的心理准备。因为本书不同于以往的教材，不要求读者一章、一节去被动地阅读学习。它是一部剧本，以场景形式出现，读者就是其中的角色，是作为一名虚拟的国际贸易业务当事人，进入课程设置的虚拟国际贸易环境中的主角。如何扮演好这个主角？

首先，假想自己是一笔国际贸易业务的当事人，但是对业务操作还知之甚少，怎么办？没关系，请以国际贸易业务不同当事人的身份，按照我们事先安排好的场景依次进行模拟练习。当完成全部预设的场景后，整套的国际贸易业务流程就告一段落。这时，请回顾过往场景，是否基本掌握了一笔国际贸易业务的操作程序？如果回答是肯定的，祝贺你！但请记住，这只是个开端！成功做好国际贸易业务，其技巧还要在今后的实际业务中去领悟。

其次，对本书编写结构的了解有助于快速入门。本书将国际贸易业务流程分为六大场景主题，每一个场景主题包括三大板块：场景模拟、操作指导、思考与实训。

场景模拟板块 旨在设置某一个国际贸易业务环节的“真实”环境。

操作指导板块 旨在帮助读者了解如何进行某个国际贸易环节的实践。

思考与实训板块 旨在训练亲自动手进行仿真实训，以及对典型案例进行分析、讨论，启发对相关内容进行深度思考。在本书的附录中，提供了相应案例的案例评析作为“案例思考”的参考答案，但绝不是标准答案，因为读者的独立思考及创新才是最为可贵的。

通过以上逐层深入的结构安排、读者将经历“知”、“行”、“思”的过程，为全面、系统、规范地掌握国际贸易的主要操作技能提供了有效的途径。

在课程结束的时候，请记下自己的心得体会。养成自我总结的习惯，才能取得更多的收获！

在正式开始实训之前，除以上提及的理论知识和心理准备之外，如果能对国际贸易业务的基本流程有所了解，那么就会从整体上认识各个实训场景主题的逻辑关系。因此，在实训准备篇的结尾处给出国际贸易业务简易流程图，希望对读者整体把握实训步骤有所帮助。

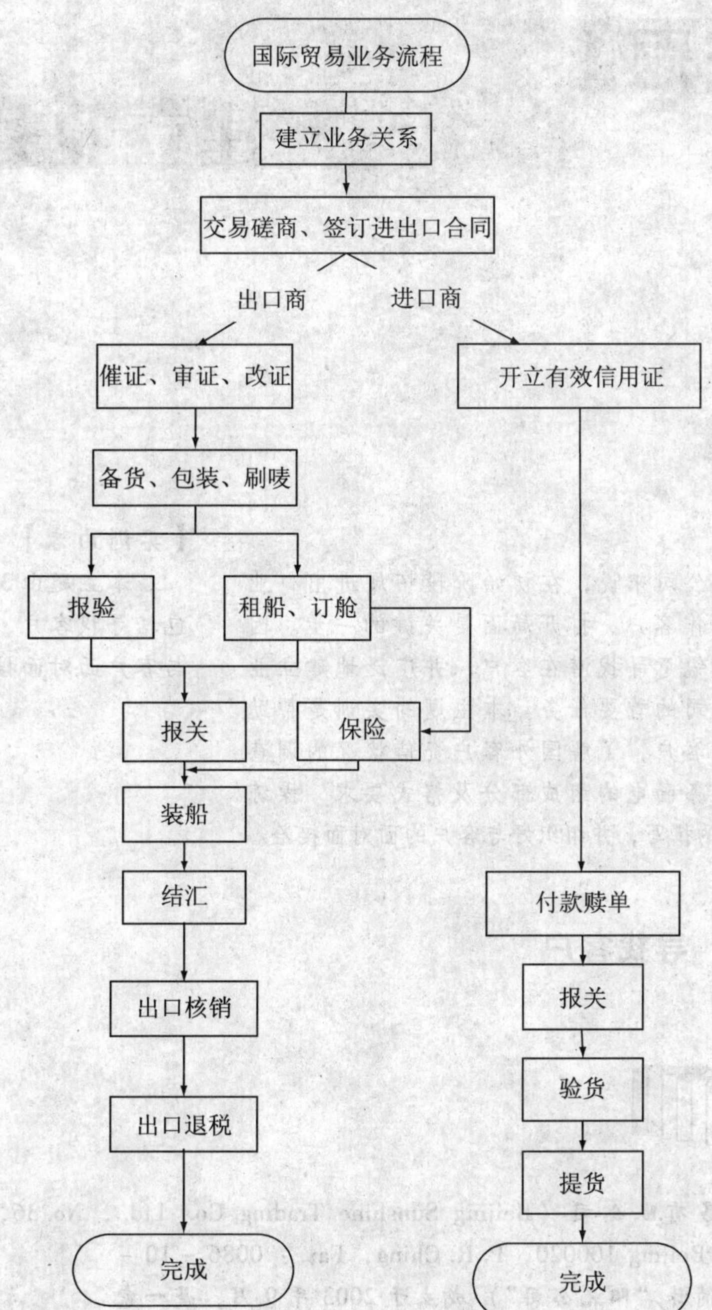

国际贸易业务流程
建立业务关系
交易磋商、签订进出口合同
出口商
进口商
催证、审证、改证
开立有效信用证
备货、包装、刷唛
报验
租船、订舱
报关
保险
装船
结汇
出口核销
出口退税
完成
付款赎单
报关
验货
提货
完成

国际贸易业务简易流程

场景主题1

建立业务关系

【实训目的】

对于国际贸易公司来说，在初始阶段拓展进出口业务，成功地找到合作客户、打开局面是关键的一步。因此，在全球范围内锐意寻找潜在客户，并广泛地建立业务关系，是贸易公司的首要任务。本主题的实训是帮助学生操练如何寻找客户，了解国外客户资信状况的调查途径，掌握国际商务函电的组成部分及格式要求，操练建立业务关系信函的撰写，并组织好与客户的面对面接洽。

【实训内容】

本主题由3个小场景组成，包括寻找客户、撰写建交信函、与客户面对面接洽。

场景1.1 寻找客户

场景模拟

北京阳光贸易有限公司（Beijing Sunshine Trading Co. Ltd., No. 36, Tianzhu Road, Chaoyang District, Beijing 100020, P. R. China, Fax.: 0086－10－88995511）（以下简称"阳光公司"）成立于2003年9月，是一家中型规模的贸易公司，主要经营各种型号的山地车、儿童车。2005年以前公司的主要贸易区域是中国内地地区。随着公司贸易规模的扩大，整体业务能力的提高，经营产品品种的丰富，公司决定将经营目标伸展到国外。

你现在就职于阳光公司的市场拓展部，任务就是为公司在全球寻找合作伙伴。你将通过哪些渠道获取客户信息？

从事贸易活动必须要有贸易伙伴，因此无论是从零开始国际贸易业务，还是要扩展国际贸易业务，首先都必须要从寻找客户开始，以便建立业务关系。然而，对没有从事过国际贸

易业务的人来说，遇到的第一个问题往往就是如何寻找客户？

Step 1：如果你是进口商，请参考下列渠道

- 通过产品品牌直接发现制造商
- 与合作的外贸公司或采购代理取得联系
- 查询自己公司积累的供应商数据库
- 行业杂志出版物
- 查询行业网站或在行业网站发布求购信息
- 查询黄页或黄页网站
- 与目标供应商国家的贸易促进机构或商会（互联网不发达可采用）
- 参加展览会

Step 2：如果你是出口商，请参考下列渠道

- 和世界上大公司的采购代理接触，推销自己
- 向行业内比较知名的贸易公司推介自己
- 在行业报纸杂志上刊登广告
- 在搜索引擎上做广告
- 登录黄页或黄页网站
- 在行业网站查询求购信息或在行业网站上做广告
- 与目标供应商国家的贸易促进机构或商会联系（互联网不发达可采用）
- 通过国内外银行介绍国外客户
- 通过各种国际友好往来和组织介绍
- 通过参加各种交易会、展览会以及出国考察的方式寻找客户

Step 3：了解寻找客户渠道中最简捷迅速的工具——互联网

目前，通过网络寻找客户已经成为方便、快捷、有效的一种途径。

我国国际商务方面的主要站点

通过这些网站可以链接到更多更新的商务网站上去：

- 中华人民共和国商务部 http：//www. mofcom. gov. cn
- 中国国际贸易促进委员会/中国国际商会 http：//www. ccpit. org
- 在线广交会 http：//www. cecf. com. cn

国际贸易业务中最常用的搜索引擎

- 搜索中文信息：　　百度——www. baidu. com

➤ 搜索英文信息：　　Google——www. google. com

国际贸易业务中最常用的网站

网站目录查询	http：///directory. Google. com
海关编码查询	http：//www. china - customs. com/customs - tax
商贸行业网站（英文）	http：//www. alibaba. com
商贸行业网站（中文）	http：//china. alibaba. com，http：//www. hc360. com
市场报告销售	http：//www. marketresearch. com，http：//www. The - infoshop. com
联合国全球贸易数据查询	http：//unstats. un. org/unsd/comtrade/dgbasicQuery. aspx.
国际市场调查资源	http：//www. Research - sources. com，http：//www. globalsources. com
国际营销传播	http：//www. globalmarketing. cn
中国黄页	http：//www. chinapages. com
中华大黄页	http：//www. chinabig. com. cn
全球公司查询	http：//www. alibaba. com/companies/o/company. html

在利用互联网寻找客户的过程中，政府、商会、行业机构的网站所获取的信息是比较可靠的，可以多加利用。同时，在搜寻的过程中，可以充分利用搜索引擎的强大功能，不断摸索更有效寻找客户的方法和技巧。

场景模拟示例

目前公司有一批质量上乘的健体牌山地自行车（JIANTI MOUNTAIN BIKE），有JMB0511和JMB0512两个型号，各有深绿和深蓝两种颜色，准备销往北美市场。

现在你作为阳光贸易有限公司的业务员，尝试利用互联网查询相关的国外客户。在查询的过程中，可以使用不同角度的关键词，但一般情况下，使用最多的关键词即产品的名称。因此，现在以“山地车”作为关键词来寻找客户。

假设我们选择了商务部的网站查询：

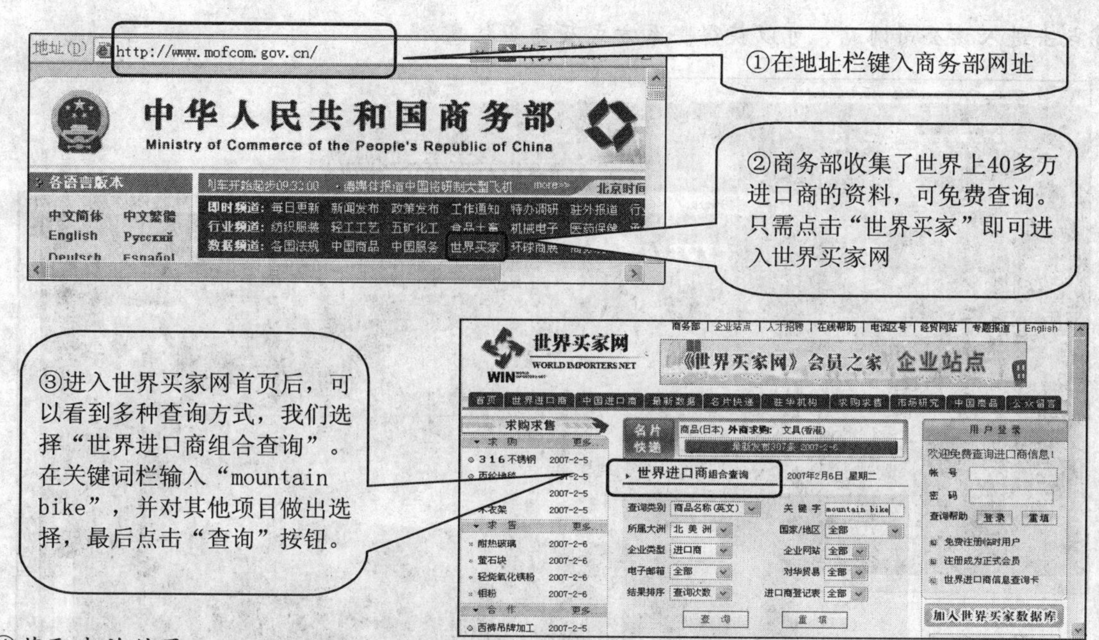

④获取查询结果。

不太幸运的是，我们只获得了一家符合查询条件的进口商信息，如下图所示：

⑤如果想进一步获取该进口商的详细信息，可以利用搜索引擎查询，我们在 Google 中键入该进口商的名称“TRIDENT PERFORMANCE SPORTS INC”，得出的结果如下图所示：

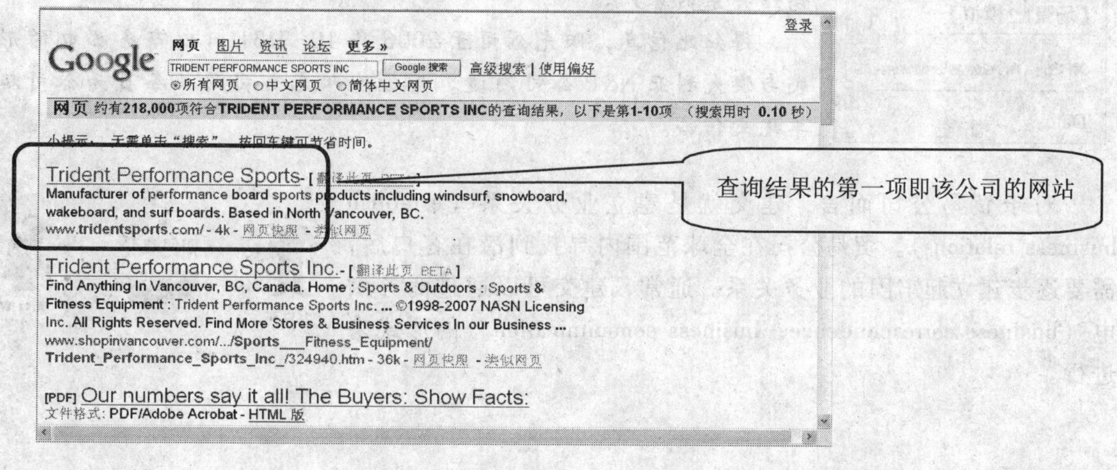

⑥点击进入该公司网站，可以获得联系方式及更多信息

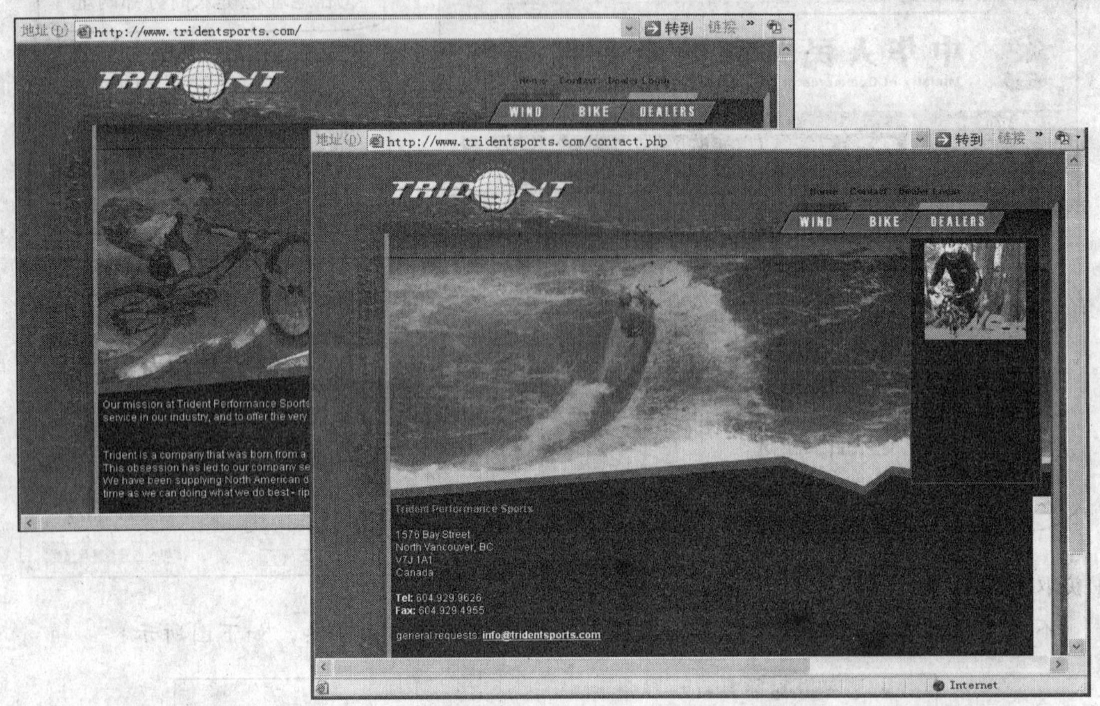

场景 1.2　撰写建交信函

场景模拟

某日，阳光公司自澳大利亚驻华大使馆商务参赞处获悉，澳大利亚悉尼市 Flushing 大街 56 号的 Nelson & Peterson 有限公司（邮政编码 94672）拟购买山地车，并想在中国内地寻求与其建立长期合作关系的客户。

得知此信息，阳光公司于 2006 年 10 月 31 日以商务函电的形式与澳大利亚 N&P 公司沟通。请扮演阳光公司的业务员为公司起草建交信函。

对于贸易公司而言，建交就是建立业务关系（establish business relations）。贸易公司在全球范围内寻找到潜在客户后，需要逐步建立起牢固的业务关系。通常，建交可以通过商务函电（business correspondence; business communication）的形式来进行。

Step 1：了解商务函电

传统意义上，“函”指信函（letter），“电”指电报（telegram）、电传（telex）。随着现代通讯技术的发展和网络的普及，电报、电传等形式逐渐淡出国际贸易领域。如今，“函电”则常常表现为信函（letter）、传真（fax）、电子邮件（Email）。

信函的组成部分包括“7 Necessary Parts”和“7 Essential Parts”。

“7 Necessary Parts”是信函的“七大必要组成部分”，即：

- 信头（letter head）
- 日期（date）
- 封内行名地址（inside name and address）
- 称呼（salutation）
- 正文（body；message）
- 结束敬语（结束敬辞）（complimentary close）
- 签名（signature）

“7 Essential Parts”是信函的“七大重要组成部分”，属于函电的重要技术手段，按需使用后可以省却正文文字的累赘冗长，并且能让业内人士一目了然。“7 Essential Parts”包括：

- 参考号码（reference）
- 经办人（经办部门）（attention）
- 副本抄送（副本抄致）（carbon copy；copy circular to）
- 事由（标题）（subject；heading；caption）
- 附件（enclosure）
- 辨认代号（主办人代号）（identification mark；initials）
- 附言（附笔）（postscript）

商务信函样本

（1）混合式 Modified Block Letter with Indented Paragraph（Semi – Indented Style）

Beijing Sunshine Trading Co. Ltd. ☞信头

36 Tianzhu Road,
Chaoyang District
Beijing 100020, P. R. China

September 18, 2007 ☞日期

Ref. No. SK20070918 ☞参考号码

Vancouver Textiles Corporation ☞封内行名地址
356 Madison Street
Vancouver BC9A2
Canada

ATTN: Import Department ☞经办部门

Dear Sir or Madam ☞称呼

Subject: Payment for Contract No. SK 20070918 ☞主题

We thank you for your letter of August 23 but regret being unable to accept your terms of payment mentioned therein. ☞正文

Enclosed please find a copy of specimen contract in which are contained our general terms and conditions. We usually accept the payment by confirmed, irrevocable letter of credit in our favor, available by draft at sight, reaching us one month ahead of shipment, remaining valid for negotiation in China till the 21st day after the prescribed time of shipment.

We look forward to your favorable reply soon.

Yours faithfully ☞结束敬辞
Li Weiming ☞签名
Li Weiming

c. c. Accounting Department ☞副本抄送
Encl: specimen contract ☞附件
LWM/zzr ☞辨认代号

P. S. Please inform us of your corresponding bank. ☞附言

（2）平头式 Block Letter（Blocked Style；Full Block Form）

Beijing Sunshine Trading Co. Ltd. **36 Tianzhu Road,** **Chaoyang District** **Beijing 100020, P. R. China**	信头
September 18, 2007	日期
Ref. No. SK20070918	参考号码
Vancouver Textiles Corporation 356 Madison Street Vancouver BC9A2 Canada	封内行名地址
ATTN: Import Department	经办部门
Dear Sir or Madam	称呼
Subject: <u>Payment for Contract No. SK 20070918</u>	主题
We thank you for your letter of August 23 but regret being unable to accept your terms of payment mentioned therein. Enclosed please find a copy of specimen contract in which are contained our general terms and conditions. We usually accept the payment by confirmed, irrevocable letter of credit in our favor, available by draft at sight, reaching us one month ahead of shipment, remaining valid for negotiation in China till the 21st day after the prescribed time of shipment. We look forward to your favorable reply soon.	正文
Yours faithfully	结束敬辞
Li Weiming *Li Weiming*	签名
c. c. Accounting Department	副本抄送
Encl: specimen contract	附件
LWM/zzr	辨认代号
P. S. Please inform us of your corresponding bank.	附言

函电书写的注意事项：

➢ 遵循三“C”原则

三“C”原则指函电正文的内容要写得清楚（Clarity/Clearness）、简洁（Conciseness）、礼貌（Courtesy）。兼顾这三“C”原则的函电，才是合格、规范、有效的。

Clarity　信要写得简明易懂，不要模棱两可。句段的安排可使用适量的转承词句。

Conciseness　指要用尽可能少的文字表达意见，避免啰嗦、重复、冗长、累赘的语句。

Courtesy　礼貌性并不只是表示客气，其归根结底是体现出 You Attitude[1]，即设身处地、时时想到对方，应当做到真诚、得体、周到。答复对方的来函应当及时。

[1] You Attitude 与 I Attitude 及 We Attitude 相对。You Attitude 意识是商务信函撰写训练中需要着重培养的基本意识，它所包括的内容很丰富，虽然 You Attitude 意识有时甚至需要“意会”，但并不是说不可言传。简而言之，就是“时时想到对方”，做到设身处地，尊重对方的感受。
比较：I write to send my congratulations.（I Attitude）
Congratulations to you on your promotion!（You Attitude）

通俗地讲，三“C”原则要求撰写商务信函时，使用普通、简单的英语语句，语句直截了当；避免啰嗦、重复、冗长的词句，能用短句不用长句，肯定句优于否定句；勿用命令语气，体现 You Attitude，及时答复对方的来函。

➢ 注重函电的格式规范

“没有规矩，不成方圆”，国际商务交往应该充分注重函电的格式规范。目前，商务实践中最为常用的两种格式是平头式、混合式（具体格式请参看商务信函样本 1、2）。除此之外，还需特别强调的有：

（1）续页

一般的，商务信函尽量安排在一页信纸上，有关资料可用“附件”形式随函附寄（under the same cover）或另函附寄（under separate cover）。当信函确实需要两张或更多信纸（一般不要多于三页）时，则要注意续页的处理规范。

续页的 5 个规范要求：

① 第一页右下端缮打 to be continued 或 To be continued，表示“待续”，也可标注 Turn to the next page 或 T. N. P.。

xxxxxxxxxxxxxxxxxxxxxxxxxxxxxxxxxxxxxxxxxxxxxxxxxxxx (to be continued)

② 续页不能用含有公司抬头（信头）的信纸。

③ 续页的纸质、尺寸、颜色与第一页必须完全相同。

④ 续页上端要注明收信人名称、日期、页数，并与正文内容要隔行。

两种写法：

➢ 收信人名称、日期、页数放于一行，分列续页上端的左、中、右。

ABC Co.	September 19, 2006	page 2

➢ 收信人名称、日期、页数分列三行，即各占一行。

XYZ Co.

September 29，2006

page 3

⑤ 必须安排部分正文在续页上，如 We are looking forward to your favorable reply 或 Your early reply will be highly appreciated 等，不能只有结束敬语、签名。

ABC Co.　　September 19，2006　　page 2

We are looking forward to your favorable reply.

Yours faithfully

James Smith

James Smith

❷如果某人地址尚不能确定下来，需要他人转交信函时，则要用 c/o 或 By courtesy of，则 2 区所写地址为转信人的地址。c/o = care of 由……转交，By courtesy of 由……转交。c/o 和 By courtesy of 后跟的人为转交信函的人，其上行的人为实际收信人，即最后应该拿到信的人。c/o 和 By courtesy of 下面的地址是转信人的地址。

（2）信封

为便于讲解，我们现把信封划分为 5 个区，左上角为 1 区，正中为 2 区❷，右上角为 3 区，左下角为 4 区，信封背面垂片为 5 区。

信封的正面样本

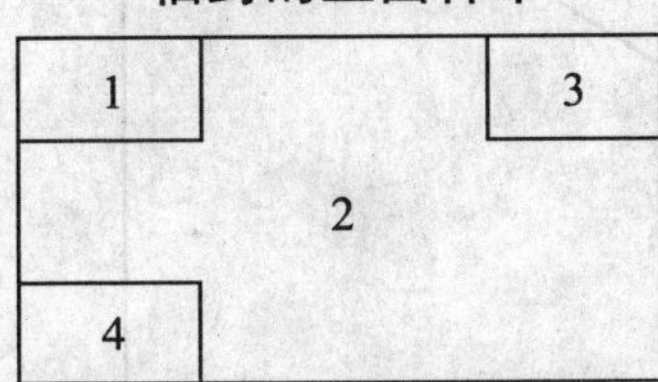

1区：写信人的行名地址。

2区：收信人的行名地址。必须与封内行名地址完全一致！与信封的最上端相距4厘米。

3区：贴邮票、盖邮戳处（stamp & postmark）。

4区：邮政附注（postal notation）。如Registered（挂号信）；Confidential（密函）；Airmail（航空）；Private（私密）。

5区：垂片位置是写信人的新地址或回函地址（returning address）。

信封的背面样本

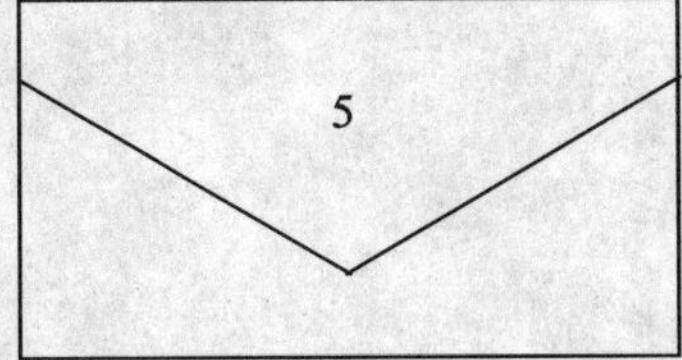

场景模拟示例

信封缮制的实务范本（正面）

Beijing Sunshine Trading Co. Ltd.
36 Tianzhu Road,
Chaoyang District
Beijing 100020, P. R. China

Stamp & postmark

Messrs. Nelson & Peterson Co.

No. 56 Flushing St.

Sydney 94672

Australia

Confidential

信封缮制的实务范本（背面）

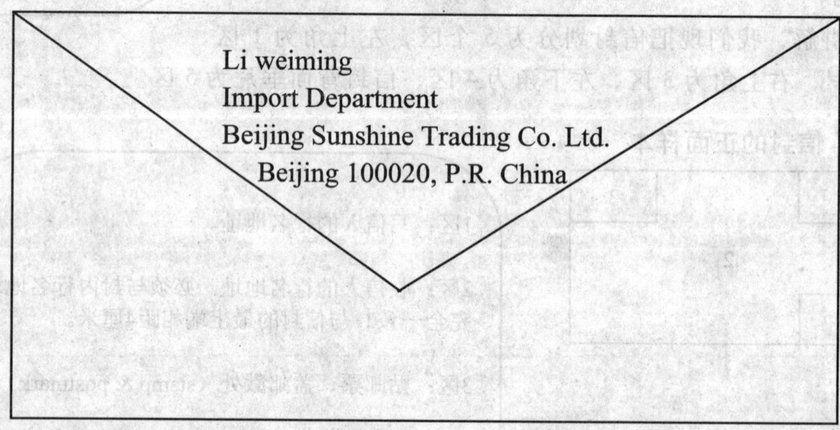

➢ 使用规范地道的函电套语

例如：

We would appreciate it very much if you would …

如蒙贵公司……，我方不胜感激。

We should be much obliged / indebted if you would …

如蒙贵公司……，我方不胜感激。

The above information is strictly confidential and is given without any responsibility on this bank.

上述信息为绝密，我行不承担任何责任。

正确掌握各类商务函电的行文方法，熟练运用专业词汇以及写作技巧，可以体现业务人员的专业素养，给贸易公司带来更多的成交机会。

实践中，依据具体交易环节和业务需要，会有不同类型的函电，如建交函、资信调查函、询盘函、发盘函、接受函、促销函、包装函、付款函、保险函、装运函、索赔函、理赔函等，其写作思路及所用的专业词汇、典型句子各有不同。这就要求多看样函，并深刻体会总结写作思路及典型语句的运用，从而见多识广，厚积薄发。

Step 2：撰写建交函

贸易公司如何建交？一笔具体业务往往起始于出口商主动向潜在客户发函建立业务关系。但无论进口商还是出口商，都可以基于自身的业务需要，积极寻找客源，主动向国外客户发出建交函。

建立业务关系信函的内容

建交函的内容应当涉及告知对方我方获悉其行名地址、业务范围等的途径，并应表示我方愿意与对方建立业务关系，进行交易和业务合作等。通常，还涉及本公司的介绍、可提供的产品介绍、随附产品目录，并表达期待尽快与对方达成具体交易的热切愿望等。

建立业务关系信函的结构

建交函的正文结构有其特定的写作思路，并常用典型的套语。说明如下：

①

告知对方获悉其行名地址和经营范围的方式

☞ 典型套语

- We have learned from the Commercial Counselor's Office of your Embassy that…
- Mr Rice, president of Sunrise Garments Imp. & Exp. Co., has recommended you to us as a leading importer of …
- We have obtained your name and address from the www. samsungmobile. com. cn on the Internet.
- Our market survey has shown that you are the largest importers of …

②

说明建交的致函目的

具体而言，包括建立长期业务关系、扩大具体商品的进出口交易、拓展产品销路等。

☞ 典型套语

- We are writing to you in the hope that we can enter into long-term business relations with you.
- We avail ourselves of this opportunity to write to you and see if we can establish business relations with you.

③

介绍本公司❸

内容可以涉及公司性质、经营范围等基本情况及公司优势，如从业经验、货物供应、销售网络、产品售后服务等。

典型套语

- Specializing in the export of Chinese Leather Jackets, we wish to express our desire to trade with you in this line.
- We are leading textile exporters, which enjoy high prestige in China.
- We are a manufacturer of light industrial textiles, with a history of more than 30 years.

❸ 价目单（price list; price sheet）、目录册（catalogue; brochure; pamphlet; booklet）、剪样本（sample-cutting book）、样品（sample）、销售说明书（sales literature）等常可主动或应要求随函附寄或另函寄送。例如：To give you a general idea of the various kinds of cotton piece goods now available for export, we enclose a brochure and a sample-cutting booklet.

④

激励性结尾语句

如希望或感谢对方给予及时回应，盼望对方采取某种行动等。

典型套语

- Your prompt attention to our items will be highly appreciated.
- We are looking forward to your early reply.
- We are looking forward to your specific enquiries.

场景分析指导

现在根据场景模拟练习撰写建交函。从背景资料分析得知，中国公司为写信人及签名人，放于信头位置，签名处也是该中国公司。

Beijing Sunshine Trading Co. Ltd.
36 Tianzhu Road,
Chaoyang District
Beijing 100020, P. R. China

澳大利亚公司为收信人，放于封内行名地址位置。因其公司名称里含有人名，可以在其前加 Messrs. 表示敬称。

Messrs. Nelson & Peterson Co.
No. 56 Flushing St.
Sydney 94672
Australia

写信日期为 2006 年 10 月 31 日，注意避免全部用数字来表示日期，即日期栏的月份不能用数字，以免误解。日期可以写为 October 31, 2006 或 31 October, 2006 或 October 31st, 2006。

注意称呼栏和结束敬语严格对应，即 Dear Sirs（敬启者）与 Yours faithfully（敬上）对应，

Dear Mr. /Ms. …与 Yours sincerely 对应。在美国，Gentlemen 与 Yours truly 或 Truly yours 对应。

场景模拟示例

建交函的缮写实务范本（平头式）

Beijing Sunshine Trading Co. Ltd.
36 Tianzhu Road,
Chaoyang District
Beijing 100020, P.R. China

October 31, 2006

Messrs. Nelson & Peterson Co.
No. 56 Flushing St.
Sydney 94672
Australia

Dear Sirs ①

Having had your name and address from the Commercial Counselor's Office of your Embassy in China, we learn that you intend to import large quantities of mountain bikes and we are therefore writing to you in the hope that we can enter into long-term business relations with you. ②

We are a medium scale exporter of Bicycles in China with good reputations both in domestic and foreign trade, our export products are especially specialized in mountain bikes. Enclosed please find a copy of catalogues for mountain bikes now available for our regular export. We trust some of the items therein will be of great interest to you. ③

We would like to receive your enquiry for all types of mountain bikes, against which we will send you our quotations in US$ FOB China Port, packing included. Terms of payment will be further discussed.

We are looking forward to hearing from you. ④

Yours faithfully
Beijing Sunshine Trading Co. Ltd.

Encl.

场景1.3　与客户面对面接洽

场景模拟

澳大利亚 Nelson & Peterson 有限公司在收到阳光公司的建交函电后，表示希望到北京就进口山地车和建立合作关系等事宜进行谈判，并决定由公司副总经理、技术顾问、市场主管、财务主管、翻译一行5人组成代表团来中国，时间定于2006年12月11~15日。

阳光公司如何安排好与澳大利亚N&P公司代表团的接洽工作？双方在接洽的过程中需要注意些什么？如何尽量达到令双方满意的预期成果？

请分组扮演澳大利亚N&P公司代表团的成员和阳光公司谈判小组人员，进行面对面接洽。

在国际贸易业务中，通过不同渠道联系到客户后，双方当事人如果有意建立国际贸易业务关系，则对一些重要的问题通常要会谈。谈判的双方都希望通过会谈最大限度地满足自己的需求，因此组织会谈是否成功关系着业务的成功。那么，对于组织者来说，在与客户面对面的接洽过程中需要做哪些必要的工作呢？

Step 1：选配参加谈判人员

人数规模

谈判小组的人数规模一般为：中小型国际商务谈判3~5人；大型国际商务谈判10~12人或更多。

注意：选配谈判小组人员是要坚持一个原理，即谈判人数对谈判效果的影响是“乘数效应”而不能是“叠加效应”。

人员构成

- 技术人员❹
- 商务人员❺
- 法律人员（可聘请）
- 财务人员
- 翻译人员（可聘请）
- 谈判领导人员❻
- 记录人员

❹为价格决策做技术参考。是熟悉生产技术、产品性能和技术发展动态的技术人员、工程师或总工程师。

❺了解交易行情的业务员或厂长、经理。

❻可委派专人，也可从上述人员中选出。

人员分工

谈判小组成员在谈判过程中需要分工合作，在分工中可分为三个层次：

- 第一层次主谈人
  主谈人是谈判的首席代表（一般是领导者）。
- 第二层次谈判人员
  第二层次谈判人员是懂行的专家、业务人员和翻译人员。是谈判中的主力军。
- 第三层次谈判人员
  第三层次人员是谈判工作中必需的工作人员。如：速记员、打字员或其他服务人员。他们不是谈判的正式代表，但是谈判组织的工作人员，其职责是准确、完整、及时地记录谈判内容。

Step 2：安排布置谈判场地

谈判场地的选择要求

- 在交通 \ 通讯方便的地方
- 场所应布置得幽雅 \ 舒适，具有较高的文化品位
- 场所应宽敞 \ 舒适，具有良好的通风和采光条件
- 场所相对比较安静，避免外界干扰
- 场所应具备必要的办公设施，如；计算机，打字机，投影仪，录像设备等

座位安排

座位安排原则是“以右为大”，“距门远为敬”。如图所示：

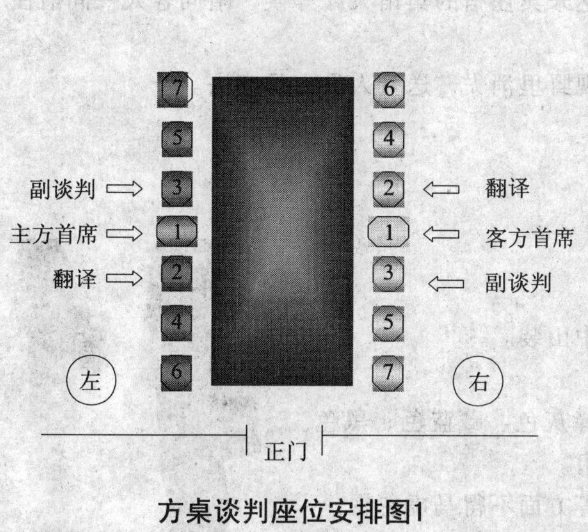

方桌谈判座位安排图1

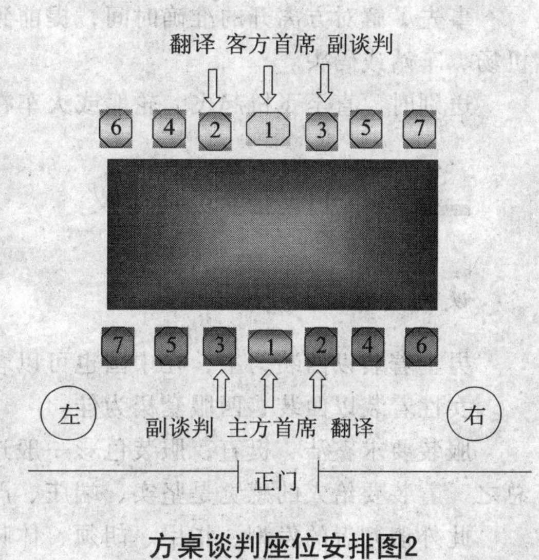

方桌谈判座位安排图2

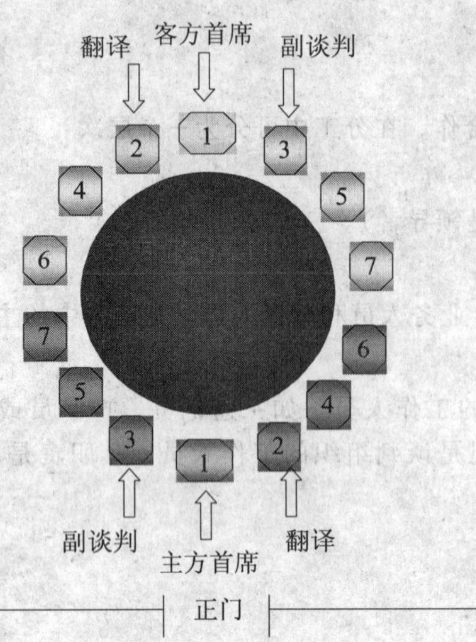

注意：如果是客座谈判不要坐在对着太阳的一侧，要避免强烈的阳光刺激。

圆桌谈判座位安排图

 Step 3：接待安排

在得知来宾抵达的确定日期后，应首先制定一个双方认可的议程安排表，把整个的谈判日程细化。

特别要注意的是：

在来宾抵达前，安排好其住宿问题。抵达当日，提前到达机场、车站或码头迎接客户。

客人到达后，通常只需要稍加寒暄，即应陪客人前往宾馆，在行车途中可简单介绍一下情况，征询一下意见，即可告辞。客人到达的当天，最好只谈第二天的安排，另外的日程安排可在以后详细讨论。

事先了解对方离开的准确时间，提前到达来宾住宿的宾馆大厅等候，陪同客人一同前往机场、车站或码头。

送别时，直至飞机起飞、轮船或火车在视野里消失，送行人员方可离去。

 Step 4：注意谈判礼仪

谈判着装

男士着装以西装为主，在中国也可以着中山装。

女性着装以西装、西服套裙为佳。

服装要求整洁、挺直；服装色彩一般选择灰色、藏蓝色、黑色。总之，着装要给人的感觉是坚实、端庄、严肃。

此外谈判者的发型、指甲、胡须、体味等方面不得马虎忽视。

行为举止

坐势。坐椅子的礼貌——从左边入座、在椅子的左边站定。不要坐在椅子上摇晃、转动。

站势。两脚跟着地，两脚成45度，腰背挺直、自然挺胸、脖颈伸直、颌微向下、两臂自然下垂。

场景模拟示例

阳光公司此次谈判小组成员为7人，分别是阳光公司副总经理、技术人员、市场部经理、法律顾问、财务主管、翻译人员、记录人员。

谈判场地选择在阳光公司会议室，配套计算机，传真机，投影仪，录像设备等。

会议室安排如下图所示：

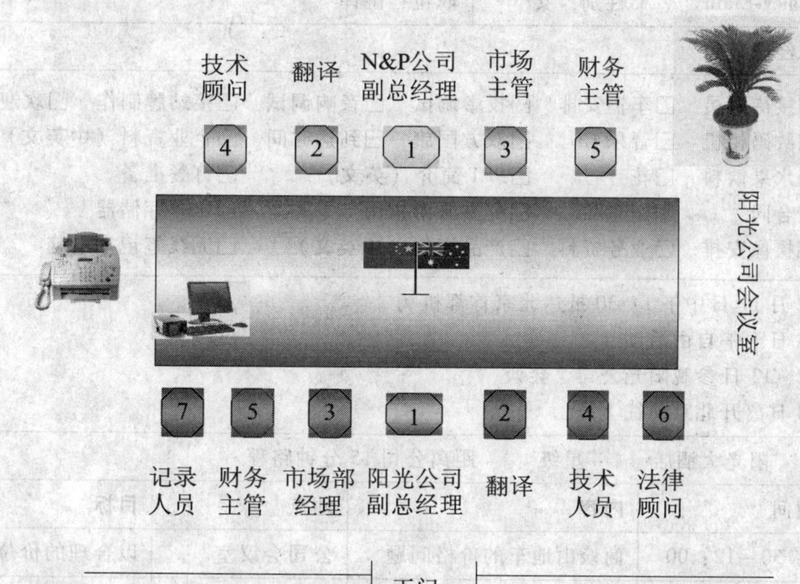

全部的洽谈过程制如下页议程安排一览表。

议程安排一览表

<table>
<tr><td colspan="3">客户名称：
Nelson & Peterson 有限公司</td><td colspan="2">详细地址：
悉尼市 Flushing 大街 56 号</td><td colspan="2">所在国家：
澳大利亚</td></tr>
<tr><td colspan="5">客户简况：
Nelson & Peterson 有限公司系澳大利亚一家规模很大的贸易公司，有 5 家分店，主要经营各种体育运动器械、自行车、山地车等，其山地车的年采购量大约 10 万辆。</td><td colspan="2">主要市场
亚洲、欧洲、北美</td></tr>
<tr><td>来访时间</td><td colspan="4">2006 年 12 月 11 ~ 13 日</td><td>接待负责人</td><td>张力宏</td></tr>
<tr><td>来访目的</td><td colspan="6">洽谈购买山地车、建立长期合作关系</td></tr>
<tr><td>来宾 1</td><td>Thomas Voss</td><td>性别：男</td><td colspan="4">职位：副总经理</td></tr>
<tr><td>来宾 2</td><td>Stephen Rothlin</td><td>性别：男</td><td colspan="4">职位：技术顾问</td></tr>
<tr><td>来宾 3</td><td>Richard Hill</td><td>性别：男</td><td colspan="4">职位：市场主管</td></tr>
<tr><td>来宾 4</td><td>MaryAnn</td><td>性别：女</td><td colspan="4">职位：财务主管</td></tr>
<tr><td>来宾 5</td><td>Honey-Elain</td><td>性别：女</td><td colspan="4">职位：翻译</td></tr>
<tr><td>接待级别</td><td colspan="6">总经理级</td></tr>
<tr><td>准备项目</td><td colspan="6">□接待人员 □车辆安排 □投影调试 □音响调试 □接站牌制作 □欢迎标语
□数码相机 □音乐 CD □双方国旗 □到达时间 □企业资料（中英文）
□水果饮料 □花卉 □PPT 简介（英文） □订餐准备
□合同 □纪念品 □英文旅游指南 □USB 存储器
□摄像安排 □业务资料 □产品资料（中英文） □无线笔记本电脑</td></tr>
<tr><td>客户行程</td><td colspan="6">12 月 11 日中午 1：30 抵达北京首都机场
11 日下午自由活动
12 ~ 13 日参观阳光公司、会谈
14 日离开北京前往上海</td></tr>
<tr><td>酒店预订</td><td colspan="6">阳光大酒店　4 星级　距离公司 15 分钟路程</td></tr>
<tr><td>会谈议程</td><td>时间</td><td colspan="2">内容</td><td>地点</td><td colspan="2">目标</td></tr>
<tr><td rowspan="4">12 月 12 日</td><td>8：30 – 12：00</td><td colspan="2">商谈山地车的价格问题</td><td>公司会议室</td><td colspan="2">以合理的价位达成协议</td></tr>
<tr><td>12：00 – 1：30</td><td colspan="2">午餐</td><td>公司餐厅</td><td colspan="2"></td></tr>
<tr><td>2：00 – 5：30</td><td colspan="2">商谈支付等问题</td><td>公司会议室</td><td colspan="2">以优惠的条件达成协议</td></tr>
<tr><td>7：00 – 9：00</td><td colspan="2">晚宴</td><td>全聚德烤鸭店</td><td colspan="2"></td></tr>
<tr><td rowspan="4">12 月 13 日</td><td>9：00 – 11：30</td><td colspan="2">商谈其他业务的合作</td><td>公司会议室</td><td colspan="2">签订长期合作协议</td></tr>
<tr><td>12：00 – 1：30</td><td colspan="2">午餐</td><td>老北京饭店</td><td colspan="2"></td></tr>
<tr><td>2：30 – 6：00</td><td colspan="2">北京游览</td><td>故宫、天坛</td><td colspan="2"></td></tr>
<tr><td>7：00 – 10：00</td><td colspan="2">听戏</td><td>长安大剧院</td><td colspan="2"></td></tr>
<tr><td colspan="7">总结：</td></tr>
<tr><td colspan="7">改进意见：</td></tr>
</table>

思考与实训 1

思考与实训 1－1

选定一个出口行业，列举出尽可能多的获取客户信息的途径，并通过其中的某些途径，查询到至少两个具体的客户信息。

思考与实训 1－2

根据下列所提供的背景资料，分析并书写建交函。

本公司为美国新泽西州的国际食品香料公司，全称为 International Flavors & Fragrances Inc.，网址为 www. iff. com，详细地址为：1515 State Highway 36, Union Beach, NJ 07735, U. S. A.，出口部的电子邮箱为 george. rice@ iff. com。2007 年 1 月 5 日本公司从互联网上 www. cofco. com 获悉中国的中粮集团（COFCO Limited）的名称地址，意欲与之建立食品香料的进出口业务关系。其详细地址为：中国北京建国门内大街 8 号中粮广场 A 座 9 层，邮政编码为 100005（Add.：9th Floor, Tower A, COFCO Plaza, No. 8 Jian Guo Men Nei Ave., Beijing 100005, P. R. China），网址 www. cofco. com，进口部的电子邮箱为 Jack. Zhou@ cofco. com。请为本公司出口部向中粮集团进口部及其进口部经理发一封建立业务关系的 Email，主要内容可以涉及公司的介绍、可提供的产品介绍、随附产品目录，并表达期待尽快与对方达成具体交易的热切愿望等。

场景主题2
交易磋商及合同的签订

【实训目的】

贸易公司与国外客户建立业务关系后，双方自然会就具体业务进行交易磋商，其间经过价格核算及询盘、发盘、还盘、接受等基本环节，之后就要签订合同。交易磋商是签订合同不可缺少的前期基础性工作，而签订合同则是交易磋商的主要目的和共赢结果。

本主题的实训是帮助学生熟悉交易磋商的基本环节，操练如何进行出口报价核算、发盘、还盘、出口还价核算、成交签约，操练询盘函、发盘函、还盘函、接受函的缮写及合同的缮制，并对合同内容和形式有足够的理性认识和感性认知。

【实训内容】

本主题由5个小场景组成，包括出口报价核算、发盘、还盘、出口还价核算、成交及签约。

一家贸易公司与国外客户建立业务关系后，彼此自然会就具体业务进行交易磋商。很多情况下，双方成交不是一蹴而就的，需要相互合作，彼此让步、互相妥协，并进行价格核算。这就是交易磋商的过程（具体流程参见图2－1），即交易双方当事人就贸易合同的各项条件进行协商，以期达成一致意见。其间经过询盘（enquiry）、发盘（offer）、还盘（counter）、接受（acceptance）等基本环节，甚至多轮回合讨价还价（rounds of bargaining）的磨

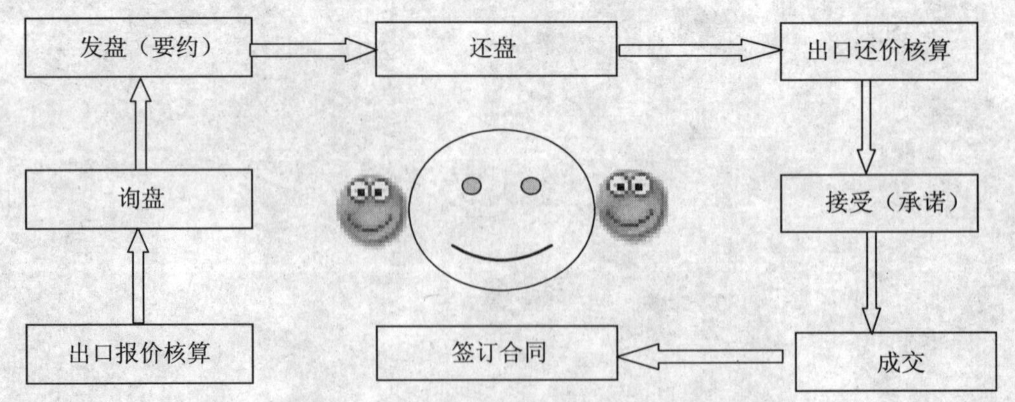

图2－1　交易磋商与合同签订流程图

合，谈判最终才会取得成功，双赢或共赢局面形成后，有利于合同的签订。从法律角度上讲，发盘和接受分别构成要约和承诺，是合同成立的要件。

场景 2.1　出口报价核算

场景模拟

中国纺织品进出口公司北京家用纺织品分公司（北京海淀区花园街 28 号，邮政编码 100037）获悉加拿大温哥华纺织品公司［温哥华麦迪逊（Madison）大街 356 号，邮政编码 BC9A2］求购 17 吨 A 级毛条（计一个 20 英尺集装箱）和 2000 条床单。

毛条

A 级毛条

每吨的进货价格：5600 元人民币（含增值税 17%）；

出口包装费每吨 500 元；

该批货物国内运杂费共计 1200 元；

出口的商检费 300 元；

报关费 100 元；

港区港杂费 950 元；

其他各种费用共计 1500 元；

20英尺集装箱

海洋运费从装运港新港（Xingang）至加拿大温哥华（Vancouver）一个 20 英尺集装箱的包箱费率是 2200 美元，该北京公司向银行贷款的年利率为 8%，预计垫款时间 2 个月，银行手续费为 0.5%（按成交价格计）；

毛条的出口退税率为 3%；

温哥华公司要求在报价中包括其 3% 佣金，还要求按成交价格的 110% 投保，保险费率 0.85%。该北京公司预计利润 10%（以成交金额计），人民币对美元汇率为 8.25 :1。

假设你是该北京公司出口部人员，请与小组成员共同进行出口报价核算，该批毛条 FOBC3% 新港价、CFRC3% 温哥华价、CIF3% 温哥华价应分别报价多少？

Step 1：了解出口价格构成

出口价格的构成有三大要素，包括商品成本（cost）、出口费用（export expenses）、预期利润（expected profit）。

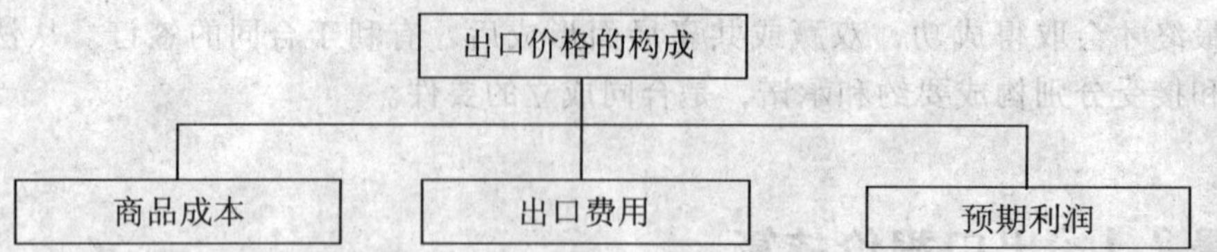

商品成本包括生产成本、加工成本、采购成本。对专业贸易公司而言，商品成本是指采购成本，即从制造商（生产商）、加工商采购出口商品而支付的款项；对直接出口的生产厂商而言则指生产成本，即产品出厂价格；而加工商对产品或半成品进行加工所需的成本就是加工成本。

出口费用常见的名目有包装费用、仓储及处理费用、国内运费、商品检验费、认证费、装船费用、港区港杂费、出口捐税、通讯费、银行费用、预计损失、海外运费、保险费、佣金等。这些费用与采用的贸易术语、交易性质、商品种类等相关，并非各项费用在每笔出口交易中都必然发生。

预期利润可由出口商根据具体情况自行确定，并无成规。既可以用某一固定的数额作为单位商品的利润，也可以用一定的百分比作为经营的利润率来核算利润额。

 Step 2：掌握出口报价核算方法

在交易磋商的过程中，核心问题就是价格问题，因为贸易的最终目的是要获取尽可能多的利润。所以，作为出口商首先要核算一下成本、费用，明确给客户报什么价格才能够保证自己的预期利润。

出口报价核算的计算公式及计算步骤如下：

实际成本

通常，供货厂商所报的价格为含税成本（采购成本），也就是出口商品购进价或购货成本，但含税成本一般含增值税在内。考虑到出口退税因素，进行成本核算时，要扣除退税额。

实际成本 = 含税成本 - 退税收入

退税收入 = 含税成本 × 出口退税率/(1 + 增值税税率)

实际成本 = 含税成本 - 含税成本 × 出口退税率/(1 + 增值税税率)

或写为　实际成本 = 含税成本 × (1 + 增值税税率 - 出口退税率)/(1 + 增值税税率)

国内费用

国内费用 = 包装费 + 仓储费 + 国内运输费 + 认证费 + 港杂费 + 商检报关费 + 垫付利息 + 银行费用 + 业务费用 + 其他费用

如果是 FOB 价格，只需要核算国内费用、佣金。如果是 CFR 或 CIF 价格，还需要核算国外费用。其中，CFR 价格包括出口运费、佣金等，CIF 价格包括出口运费、出口保险费、佣金等。

出口运费❼

出口运费(集装箱装运)=包箱费率/每集装箱所装数量

=包箱费率/(集装箱装箱数量×包装方式❽)

关于集装箱装箱数量的计算：

通常，20英尺集装箱的有效容积为25立方米，有效载重量为17.5公吨；40英尺集装箱的有效容积为55立方米，有效载重量为24.5公吨。注意，最后计算出来的集装箱数量应该取整数。以体积法计算为例：

例如：货物用纸箱装，纸箱的尺码为50厘米×40厘米×30厘米，那么计算20英尺集装箱的装箱最大数量：25/(0.5×0.4×0.3)=416.667(箱)，取整为416箱。

如果是选择法，集装箱数量=集装箱载重/货物重量或=集装箱容积/货物体积（选数值较高者）

注意：出口报价所报的是单位产品的出口价格，因此计算时要用包箱费率除以出口产品数量。此外，因为包箱费率是以美元计价，要将其换算成人民币。

出口班轮运费（散货）=（基本运费+附加运费）

=基本运费×（1+各种附加运费率）

保险费

保险费=保险金额×保险费率

保险金额=CIF（CIP）×（1+保险加成率）

保险费=CIF×（1+保险加成率）×保险费率

利润

利润=成本（或者价格）×利润率

注意：进行价格核算时的利润计算基数可以是成本，也可以是价格。因此，计算利润的基数不同，获取的利润额是不同的。

出口报价

出口报价=(货物实际成本+出口费用额之和)/

[1-(出口各项费用率之和)-预期利润率]

完成实际成本、国内费用和出口运费、保险费等的计算，考虑到利润目标，即可代入常用价格术语的出口报价公式，计算出口价格：

$$\text{FOB 报价}=\frac{\text{实际成本}+\text{各项国内费用之和}}{1-\text{预期利润率}-\text{佣金率}}$$

$$\text{CFR 报价}=\frac{\text{实际成本}+\text{各项国内费用之和}+\text{国外运费}}{1-\text{预期利润率}-\text{佣金率}}$$

❼运费的核算比较复杂，其计算步骤为：

a 根据货物名称，在运价表中的货物分级表上查到货物的等级（Class）和运费计算标准（Basis）。计算标准涉及重量法（W）、体积法（M）、从价法（AD VAL）、选择法（W/M，W or AD VAL，M or AD VAL，W/M or AD VAL）、综合法（W & AD VAL，M & AD VAL）、按件法、议价法（open rate）等。

b 根据货物的装运港、目的港，找到相应的航线，按货物的等级查到基本运价。

c 查出该航线和港口所要收取的附加费项目和数额（或百分比）及货币种类。

d 根据基本运价和附加费算出实际运价（单位运价）。

e 根据货物的托运数量算出应付的运费总额。集装箱货物分为拼箱货（LCL）和整箱货（FCL），拼箱货运费通常按件杂货基本费率加附加费计算，整箱货运费按包箱费率（Box Rate）计算。其中常见的包箱费率有中国－新加坡航线的 FAK（Freight for All Kinds）、中国－日本航线的 FCS（Freight for Class）、中国－地中海航线的 FCB（Freight for Class & Basis）三种包箱费率。

❽指每一个纸箱或者木箱所装的货物数量，例如 12PCS PER CARTON。

$$\text{CIF 报价}=\frac{\text{实际成本}+\text{各项国内费用之和}+\text{国外运费}}{1-\text{预期利润率}-(1+\text{投保加成率})\times\text{保险费率}-\text{佣金率}}$$

特别说明：

在每笔出口交易中，为了判断该笔交易是否盈利，出口商品通常还会计算换汇成本（换汇率）[9]。当换汇成本不高于单位外汇收入的兑换率（银行外汇买入价），即可以盈利。

出口换汇成本 = 出口商品总成本（人民币元）/ FOB 出口外汇净收入（美元）

出口盈亏额 = FOB 出口外汇净收入 × 银行外汇买入价 - 出口商品总成本

注：计算出口换汇成本也可以使用单价法进行计算。

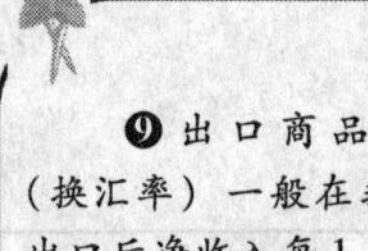

[9] 出口商品换汇成本（换汇率）一般在我国指商品出口后净收入每 1 美元所耗费的人民币成本。核算换汇率是反映出口盈亏的一种形式。人民币盈利率越大，换汇成本越低，反之，人民币亏损率越大，则换汇成本越高。

场景模拟示例

根据场景模拟提供的信息，进行出口报价核算。

列出进行出口报价核算的相关数据

报价数量：17 吨（计一个 20 英尺集装箱）

进货价格：5600 元人民币/吨（含增值税 17%），出口退税率 3%

国内费用：运杂费 1200 元，出口包装费 500 元/吨，出口商检费 300 元，报关费 100 元，港区港杂费 950 元，其他各种费用 1500 元，贷款年利率 8%，垫款时间 2 个月，银行手续费 0.5%（按成交价格计）

出口运费：2200 美元

保　　险：按 CIF 价格的 110% 投保，保险费率 0.85%

佣　　金：3%

预期利润：10%（以成交金额计）

汇　　率：8.25 元人民币/美元

出口报价核算

（1）实际成本

实际成本 = 含税成本 - 含税成本 × 出口退税率/（1 + 增值税税率）= 5600 - 5600/（1 + 17%）× 3% = 5600 - 143.5897 = 5456.4103（元/吨）

或　实际成本 = 含税成本 ×（1 + 增值税税率 - 出口退税率）/（1 + 增值税税率）= 5600 ×（1 + 17% - 3%）/（1 + 17%）= 5456.4103（元/吨）

（2）国内费用

国内费用 = 500 +（1200 + 300 + 100 + 950 + 1500）/17 + 5600 × 8%/6 = 812.9020（元/吨）

（3）出口运费

出口运费 = 包箱费率/每集装箱所装数量 = 2200 × 8.25/17 = 1067.6471（元/吨）

完成以上三步之后，即可根据报价公式报出 FOBC3%、CFRC3%、CIF3% 的出口价格：

FOBC3 =（5456.4103 + 812.9020）/（1 - 10% - 3% - 0.5%[10]）= 6269.3123/0.865/8.25 = 878.52（美元/吨）

CFRC3 =(5456.4103 + 812.9020 + 1067.6471)/(1 - 3% - 0.5% - 10%) = 7336.9594/0.865/8.25 = 1028.13 (美元/吨)

CIFC3 =(5456.4103 + 812.9020 + 1067.6471)/(1 - 3% - 0.5% - 110% × 0.85% - 10%) = 7336.9593/0.85565/8.25 = 1039.36 (美元/吨)

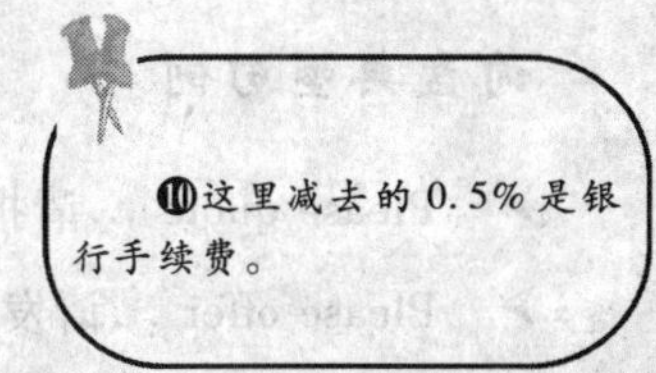

所以，中国纺织品进出口公司北京家用纺织品分公司的业务员关于A级毛条的出口报价为：FOBC3%新港价每吨878.52美元，CFRC3%温哥华价每吨1028.13美元，CIFC3%温哥华价每吨1039.36美元。

此外，还可以根据以下公式分别计算相关信息：

预期利润 = 报价 × 10%

银行手续费 = 报价 × 0.5%

出口保险费 = CIF报价 × 110% × 0.85%

客户佣金 = 报价 × 3%

场景2.2　发盘

场景模拟

2007年初，中国纺织品进出口公司北京家用纺织品分公司收到温哥华纺织品公司2006年12月31日的询盘函。经出口报价核算，该中国公司于2007年1月23日就其所能提供的A级毛条和床单产品向外方发盘。

请分组扮演温哥华纺织品公司和中国纺织品进出口公司北京家用纺织品分公司，并分别为其起草询盘函和发盘函。

Step 1：了解询盘

询盘（enquiry）是邀请对方发盘的一种意思表示，是买方为了购买或卖方为了销售货物而向对方提出有关交易条件的询问或就某笔交易提出有保留条件的建议。

询盘也称询价，但其内容并不局限于只是询问价格条件，还包括询问非价格条件，并要求对方向己方做出发盘。可采用口头方式，亦可采用书面方式。通常，询盘多由进口商提出，业内称为“邀请发盘”或“索盘”。询盘也可由出口商发出，提出交易条件的有保留建议，即对外“邀请递盘”。询盘对于询盘人和被询盘人均无法律上的约束力，也不是交易磋商的必经步骤，但询盘往往是一笔交易的起点。

询盘常被交易一方用来试探对方对交易的诚意或试探国际市场价格。被询盘人在接到询盘后要给予重视，针对不同的询盘目的或背景，进行及时、适当的处理。

询盘典型句例

- Please quote …请报价……
- Please offer …请发盘……
- Please advise …请告知……
- We are interested in …please quote…我公司有意购买……，请告……
- We can supply …我方可供……

场景模拟示例

询盘函的缮写实务范本

Vancouver Textiles Corporation

356 Madison Street
Vancouver BC9A2
Canada

December 31st, 2006

China Textiles Import & Export Corp.
Beijing Home Textiles Branch
No. 28 Park Avenue
Haidian District, Beijing 100037
P. R. China

Dear Sirs

We have been informed by the Bank of Canada, Vancouver, that you are one of the leading exporters of textiles in Beijing and that you wish to extend export business to our market.

You will be pleased to note that we are importers of wooltops, bed-sheets and other home textiles products, have over 20 years'experience in this particular line of business.

At present, we are keenly interested in wooltops and bed-sheets and shall be glad if you will kindly send us your latest price list for Grade A wooltops and bed-sheets in various colours specifying sizes and designs. If possible, please also send us a sample-cutting book for our reference.

In the meantime, we think it necessary to stress the importance of the material of the bed-sheets used. Here in Vancouver only all-cotton bed-sheets are salable and any synthetic fibre or blended fibre is not in demand. If you are in a position to meet our demand we think your products will enjoy popular sales in our market.

For your information, we would like to state that we usually pay for our imports by sight L/C which, we feel sure, will be agreeable to you.

We anticipate your early reply.

Yours faithfully
Vancouver Textiles Corporation

Step 2：了解发盘

发盘（offer）也称报盘、报价、发价，法律上称为要约，是一方当事人（发盘人）向另一方当事人（受盘人）提出各项交易条件并且愿意按这些条件与受盘人达成交易、订立合同的意思表示。

实际业务中，发盘通常由交易一方在收到另一方的询盘后提出，也可在没有对方询盘的情况下直接主动地向对方提出。发盘可以由买方提出，也可以由卖方提出，可以是书面的，也可是口头的。

实盘与虚盘

实盘（firm offer；offer with engagement）是一项有法律约束力的发盘，它必须具备三个条件：

（1）特定性

发盘应向一个或一个以上特定的人提出。

（2）确定性

发盘涉及的内容必须十分确定，包括商品品名、品质、数量、价格、交货期、包装、付款方式等主要交易条件及有效期。

（3）终局性

发盘没有保留性语句，有效期内不得撤销和修改，一旦发盘经对方在有效期内接受，则发盘人须受其约束，承担按发盘条件与对方签订合同的义务。

虚盘（offer without engagement），没有法律上的约束力。凡是有保留语句的，例如“本报价须经我方最后确认为准”（This offer is subject to our final confirmation），则为虚盘。

Step 3：发盘函的内容结构

由于发盘具有法律约束力，所以撰写发盘函时，必须注意准确性和完整性，用词谨慎精准，表达清楚明白。直接向客户发盘时，发盘函要多考虑发盘的完整性和吸引力，还可以同时向多个客户主动发盘。如果是回复对方询盘函，则发盘函要多注重针对性，隆重推出对方感兴趣或符合对方要求的商品货号，并对询盘函中的其他问题做具体回复，以能有的放矢。

发盘函通常的内容结构

① 确认收到对方询盘或感谢对方来函⑪。
② 作出报盘，准确阐明主要交易条件⑫。
③ 声明有效期及其他约束条件。
④ 敦请对方早日订购⑬。

⑪尤其要提及对方来函的日期和主要内容。若是主动发盘，此步骤则略。

⑫陈述己方可以提供或接受的交易条件，包括商品品名、规格、数量、价格、支付、装运、包装、保险等。

⑬一般会陈述市场状况或宣传产品，表明产品在市场上的竞争力、受欢迎的程度、可供货情况、促使对方早下订单。

发盘典型句例

- We have received your letter of ... enquiring for ... and now offer as follows:
- We thank you for your enquiry of ... asking us to make you a firm offer for ...
- In reply, we would like to offer ... subject to your reply reaching us before the end of this month.
- This offer will be/hold / remain valid (firm, open, good) for ... days.

场景分析指导

这是一份基于前面的询盘函所做的复函（reply）性质的发盘函，因此前函的信头是本函的封内行名地址，前函的封内行名地址是本函的信头。

写信日期为 January 23, 2007。

称呼栏 Dear Sirs 与结束敬语 Yours faithfully 严格对应。

在正文信息中，其写作思路遵循了前面的内容结构。

在拟写英语函电时，除了语法正确、使用典型的函电语句外，特别要注意有关专业词汇的表达。

场景模拟示例

发盘函的缮写实务范本

China Textiles Import & Export Corp.

Beijing Home Textiles Branch
No. 28 Park Avenue
Haidian District, Beijing 100037
P. R. China

January 23rd, 2007

Vancouver Textiles Corporation
356 Madison Street
Vancouver BC9A2
Canada

Dear Sirs

①

We are glad to have received your enquiry of December 31, 2006 for Grade A Wooltops and Bed Sheets. We wish to inform you that the sample-cutting book, price list and catalogue asked for in your above letter have been airmailed you under separate cover.

You will see that we are in a position to provide a wide range of Wooltops and Bed Sheets with superior quality. We would like to offer, subject to your order reaching us before February 14, the following:

②

Commodity	Art. No.	Quantity	CIF Vancouver
Grade A Wooltops	100100	17 tons	@ US$1039.36
180cm Bed Sheet	100180	2000	@ US$ 18
150cm Bed Sheet	100150	2000	@ US$ 16

③

Packing: 50 kg in a bale, 17 tons of Wooltops in an FCL and 10 pieces of Bed Sheets to a carton, 200 cartons in each TEU FCL.

Your payment terms by L/C at sight are acceptable to us. In order to ensure punctual shipment of the goods to be ordered, please see that the covering L/C reaches us at least 30 days before the stipulated time of shipment.

We wish to inform you that our Grade A Wooltops and all-cotton Bed Sheets have won wide popularity on the world market because of their durability and reasonable price and it has been difficult for us to meet the increasing demand. However, if you place your orders within the validity we assure you of your prompt shipment.

④

We are looking forward to receiving your initial order soon.

Yours faithfully

China Textiles Import & Export Corp.
Beijing Home Textiles Branch

场景 2.3　还盘

场景模拟

经过询盘、发盘环节后，温哥华纺织品公司与中国纺织品进出口公司北京家用纺织品分公司已彼此慢慢熟悉起来，建立了初步的业务联系，并就具体交易开始讨价还价。

【场景2.3模拟】

角色：温哥华纺织品公司
北京家用纺织品分公司业务员

接到中国纺织品进出口公司北京家用纺织品分公司2007年1月23日的发盘函后，温哥华纺织品公司不能接受北京方面对100100货号A级毛条及100180货号180公分床单每条18美元FOB新港的报价，于是2007年2月12日进行还盘。

春节假期刚刚结束，2007年2月25日（初八）北京方面迅速拟写了一封反还盘函，称所报价格为最低价，不能接受对方的还价。

请分别扮演温哥华纺织品公司和中国纺织品进出口公司北京家用纺织品分公司，为其撰写还盘函和反还盘函。

Step 1：了解还盘

还盘（counter offer）又称还价，即讨价还价，指受盘人不同意或不能完全同意发盘内容，为进一步磋商交易对发盘提出修改意见。它是对发盘条件进行添加、限制或其他变更，法律上称为反要约。

还盘是对发盘的一种拒绝，还盘一经做出，原发盘即失去效力，发盘人不再受其约束。一项还盘等于受盘人向原发盘人提出的一项新的发盘。还盘做出后，还盘的一方与原发盘人在地位上发生改变。还盘人由原来的受盘人变成新发盘的发盘人，而原发盘人则变成了新发盘的受盘人。新受盘人有权针对还盘内容进行考虑，接受、拒绝或者再还盘。

还盘可以用口头方式，也可用书面方式。还盘并非交易磋商的必经环节，但在实际业务中，还盘时常发生。毕竟很少有发盘内容完全为对方无条件接受的情况，有时甚至需经过还盘、再还盘等多轮讨价还价，才能达成交易。

Step 2：还盘函的内容结构

还盘函中可以明确使用“还盘”（counter offer）字样，也可不予言明，只在内容中表明对发盘的修改或变更。可以针对发盘的一项或多项或全部交易条件（品质、数量、价格、交货、付款等）进行修改或变更，对于已同意的交易条件在还盘函中可以略去，不必重复列出。

还盘函的内容结构

①

确认收到对方发盘（报盘）并致谢意

注意要提及对方发盘函的日期和主要内容。

例句

➢ We are in receipt of your letter of April 26 offering us 100 sets of the captioned goods at USD135 per set.

②

表明对发盘的态度
说明变更的内容及理由

例句

➢ While appreciating the quality of your MP3, we find your price is too high to be acceptable. Some MP3s of similar quality or even the MP4s from other countries have been sold here at a price about 20% lower than yours.

③

提出己方条件，希望对方让步

例句

➢ Should you be ready to bring down your price by, say 15%, we might come to terms. Otherwise we can only switch our requirements to other suppliers. ial textiles, with a history of more than 30 years.

④

激励对方接受己方的条件
签订合同

例句

➢ We wish you would seriously take this matter into consideration and let us have your favorable reply.

此外，发盘人对还盘函的答复函，如果不是表示接受对方还价的话，而是发盘人对还盘的反还盘或再还盘，也属于还盘函的操练范畴。

再还盘函的内容结构

①

感谢来函
明确不能接受还盘

例句

➢ Thank you for your Email of June 5. We regret to say that we cannot accept your counter offer.

②

强调原条件的合理性
并陈述理由

例句

➢ We have concluded considerable transactions at the same price with other clients in your place.

③

提出折中条件
双方各自退让一步

例句

➢ We suppose we should meet each other half way to clinch our first deal. In view of our future business, we accept the payment half by D/P and half by L/C.

④

激励对方接受己方的条件
签订合同

例句

➢ Please note this is the best we can do and we hope you will accept it.

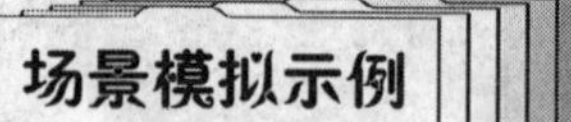

场景模拟示例

还盘函的缮写实务范本

Vancouver Textiles Corporation

356 Madison Street
Vancouver BC9A2
Canada

February 12, 2007

China Textiles Import & Export Corp.
Beijing Home Textiles Branch
No. 28 Park Avenue
Haidian District, Beijing 100037
P. R. China

Dear Sirs

We have received your offer of January 23, 2007 and the sample-cutting book, price list and catalogue under separate cover. Thank you for your quotation for Grade A Wooltops and 180cm Bed Sheets on a CIF Vancouver basis. However, we regret being unable to accept it as your prices are on the high side. Besides, the specifications you quote do not cover the 200cm Bed Sheets that are urgently required by our clients.

While we appreciate the quality of your Grade A Wooltops and all-cotton Bed Sheets, we find that your prices are 5% higher than the offers recently made to us by other competitors. For example, you offer US $ 1039.36 CIF Vancouver for Grade A Wooltops and US $ 18 for 180cm Bed Sheets while they quote us only US $ 990 and US $ 17 respectively. To accept your present quotation would mean a great loss to us, not to speak of much profit.

We would, however, very much like to place orders with you if could bring down your price to the same level as your competitors.

It is hoped that you would seriously take the above into consideration. You early reply will be highly appreciated.

Yours faithfully
Vancouver Textiles Corporation

反还盘函的缮写实务范本

China Textiles Import & Export Corp.

Beijing Home Textiles Branch
No. 28 Park Avenue
Haidian District, Beijing 100037
P. R. China

February 25, 2007

Vancouver Textiles Corporation
356 Madison Street
Vancouver BC9A2, Canada

Dear Sirs

In response to your letter of February 12, 2007, your request for a reduction in prices has been noted. Much to our regret, we cannot entertain your counter offer.

We are of the opinion that there is no room for a price reduction as we have quoted you our lowest price. To tell you frankly, since we quoted you we have concluded considerable transactions at this quoted prices with other clients in your place. Now that the stocks are running low, if you are still in need, please place an order without delay.

We are looking forward to receiving your order with keen interest.

Yours faithfully
China Textiles Import & Export Corp.
Beijing Home Textiles Branch

如果满足对方的还价要求，交易即告达成。但是，若对方的还价导致己方利润微薄甚至无利可图，除非是为了实施市场经营战略、价格策略的特殊需要，否则要坚持原价拒绝还价，或继续与对方讨价还价，针对对方的还价进行再还价。

场景 2.4　出口还价核算

场景模拟

中国纺织品进出口公司北京家用纺织品分公司有意与加拿大温哥华纺织品公司成交 17 吨 A 级毛条（计一个 20 英尺集装箱）。但是，当该北京公司出口报价 CIF 温哥华价 1039.36 美元时，加拿大温哥华纺织品公司认为比市场竞争者最近报价 990 元要高出 5%，因此还价为每吨 CIF 温哥华价 990 美元（含佣 3%）。

结合成本、费用等信息，请根据还价计算：如果接受还价，北京公司每出口一吨毛条可以获利多少元人民币？总利润额是多少？利润率是多少？如果北京公司 10% 的预计利润目标不能降低，在其他国内费用保持不变的情况下，公司能够接受的国内供货价格应为多少？

Step 1：出口还价核算方法

出口还价核算是在对方还价后，计算价格中的相应要素可能产生的变化。贸易公司针对还价进行核算是必要的，可以借此判断价格降低后对预期利润目标的影响程度是否能够承受。

在还价核算中，通常会先计算对方还价后，我方的总利润额和利润率的变化，以便做出初步判断，还价后的利润额和利润率可否接受。如果客户的还价幅度较大，则可以通过进一步核算，看是否可以压缩实际成本或利润率进行再还价，从而不放过任何可能达成交易的机会。

计算利润额和利润率

计算利润额时，可以单一商品的利润额或一个品种、一个集装箱作为基数，这是单价法。还可以整个订单的利润额作为基数，这是总价法。采用总价法的准确度高，出口商通常较多使用总价法计算利润。此外，对利润率的核算，目的是为了将经过还价后的利润率和出口报价利润率进行比照。

利润额的计算公式为：

总利润额 = 成交总金额 - 实际总成本 - 所有国内费用 - 出口运费 - 总保险费 - 总佣金

计算时，将公式中的各组成要素依次列明并加以计算（如下所示），然后代入上述公式，求出还价后的总利润额。

（1）成交总金额 = 还盘单价 × 总数量 × 人民币汇率

（2）实际总成本 = 实际采购成本 × 总数量

（3）所有国内费用

（4）出口运费 = 出口运费 × 人民币汇率

(5) 总保险费 = 成交总金额 × (1 + 投保加成) × 保险费率

(6) 总佣金 = 成交总金额 × 佣金率

利润率则通过下面的式子计算：

利润率 = 总利润额/成交总金额

计算我方维持最低利润时所能承受的最高含税成本

出口商在讨价还价的过程中要了解自己所能承受的底线，也就是根据进口商的还价计算出如果要维持最低的利润率，那么可接受的最高的采购成本是多少。因为超过这个采购成本，就意味着不能实现最低利润率，也就是在此成本下客户所报的价格是出口商不能接受的，交易无法进行。计算方法如下所示：

含税成本 = 实际成本/［1 - 出口退税率/（1 + 增值税税率）］

根据出口报价公式，实际成本可以表示为：

实际成本 = 还盘价格 ×［1 - 各项成交价基础上的费用率］- 各项出口费用之和

将实际成本代入含税成本的表达式，就可以计算出我方维持最低利润时所能承受的最高含税成本。

计算出所能承受的最高含税成本后，出口商可以同生产厂商协商，争取能够以低于这个成本的价格收购商品，这样就能够获得多一些的利润。

再报价

经过出口还价核算后，业务实践中贸易公司常常通过减少预期利润、缩减费用开支、降低采购成本，进行再报价。当然，出口商也可以坚持原价拒绝还价，要么有条件地接受对方的还价。再报价的步骤与出口报价核算的实践相同（略）。

场景模拟示例

根据场景模拟提供的资料，现进行出口还价核算：

列出相关核算数据

还　　价：CIFC3%温哥华价 990 美元/吨

数　　量：17 吨（计一个 20 英尺集装箱）

进货价格：5600 元人民币/吨（含增值税 17%），出口退税率 3%

国内费用：运杂费 1200 元，出口包装费 500 元/吨，出口商检费 300 元，报关费 100 元，港区港杂费 950 元，其他各种费用 1500 元，贷款年利率 8%，垫款时间 2 个月，银行手续费 0.5%（按成交价格计）

出口运费：2200 美元

保　　险：按 CIF 价格的 110%投保，保险费率 0.85%

佣　　金：3%

预期利润：10%（以成交金额计）

汇　　率：8.25 元人民币/美元

出口还价核算

(1) 计算利润额和利润率

a 总价法

成交总金额＝还盘单价×总数量×人民币汇率＝990×17×8.25＝138847.5（元）

实际总成本＝实际采购成本×总数量＝购货成本×(1＋增值税税率－出口退税税率)/(1＋增值税税率)×总数量＝5600×(1＋17%－3%)/(1＋17%)×17＝92758.9751（元）

所有国内费用＝500×17＋(1200＋300＋100＋950＋1500)＋5600×8%/6×17＝13819.33（元）

银行手续费＝报价×0.5%＝138847.5×0.5%＝694.2375（元）

出口运费＝出口运费×人民币汇率＝2200×8.25＝18150（元）

总保险费＝成交总金额×(1＋投保加成)×保险费率＝138847.5×(1＋10%)×0.85%＝1298.2241（元）

总佣金＝成交总金额×佣金率＝138847.5×3%＝4165.425（元）

总利润额＝成交总金额－实际总成本－所有国内费用－银行手续费－出口运费－总保险费－总佣金＝138847.5－92758.9751－13819.33－694.2375－18150－1298.2241－4165.425≈7961（元）

利润率＝总利润额/成交总金额＝7961÷138847.5＝5.73%

b 单价法

实际成本＝含税成本－含税成本×出口退税率/(1＋增值税税率)＝5600－5600/(1＋17%)×3%＝5600－143.5897＝5456.4103（元/吨）

国内费用＝500＋(1200＋300＋100＋950＋1500)÷17＋5600×8%÷6＝812.9020（元/吨）

银行手续费＝报价×0.5%

客户佣金＝报价×3%

出口运费＝2200×8.25÷17＝1067.6470 元

出口保险费＝CIF 报价×110%×0.85%

预期利润＝报价×10%

按 CIFC3% 温哥华价 US $ 990/吨的还价，北京公司每吨获取的利润额：

利润额＝销售收入－实际购货成本－国内费用－海洋运费－银行手续费－保险费－佣金＝990×8.25－5456.4103－812.9020－1067.6471－990×8.25×（0.5%＋110%×0.85%＋3%）＝830.5407－362.2286＝468.3121≈468（元人民币/吨）

总利润额＝468.31×17≈7961（元人民币）

利润率＝利润额÷销售收入＝468/(990×8.25)×100%＝468/8167.5×100%≈5.73%

因此，如接受国外还价，国内采购价格不变时，总利润额 7961 元人民币，利润率只有 5.73%。如果坚持报价中的 10% 利润率保持不变，每吨毛条的国内采购价格就要压缩。

(2) 计算维持利润不变时的国内采购价格（含税成本）

实际成本＝还盘价格×［1－各项成交价基础上的费用率］－各项出口费用之和含税成本＝实际成本/［1－出口退税率/（1＋增值税税率）］

特别注意：

国内费用中的银行利息 = 采购价格 ×8% ÷6

国内采购价格 = [990 × 8.25 × (1 - 10% - 1.1 × 0.85% - 3% - 0.5%) - 738.2353 - 1067.6470] /[1 +8%/6 -3%/(1 +17%)] =5182.639 ÷0.98769 =5247.23 (元人民币/吨)

所以，国内采购价格（含税成本）应该降为每吨5247元以下。由于A级毛条的国内进货价格为5600元人民币/吨，所以不可能将公司的购货成本（含税成本）降为每吨5247元以下，因此CIFC3%温哥华价990美元/吨是无法实现既定的10%利润率目标的，所以应坚持原价CIF温哥华价1039.36美元（见“反还盘函”）。要是满足对方要求的话，就得放弃北京公司原定的10%利润率目标，将利润率降为5.73%，这时可以再报价为：17吨A级毛条，CIFC3%温哥华价990美元/吨。

请你和小组成员讨论并决策：到底是坚持原价和10%利润率目标还是降低利润率以满足对方要求？

场景 2.5 成交及签约

场景模拟

经过一番讨价还价后，温哥华纺织品公司与中国纺织品进出口公司北京家用纺织品分公司终于就17吨A级毛条交易的所有交易条件达成一致意见。双方进入了成交签约阶段。

【场景2.5模拟】

角色：温哥华纺织品公司
北京家用纺织品分公司
业务员

2007年3月31日，两家公司签约，合同编号为20070331。双方商定的交易条件为：

17吨毛条，每50千克装一包，装于20英尺标准集装箱整箱；

CIF温哥华价每吨1039.36美元，允许数量、金额溢短装8%；

2007年7月15日交货，自中国天津新港运至加拿大温哥华；

按发票总额以保兑的、不可撤销的、可转让、可分割的即期信用证支付，在中国议付有效期为装运期后第15天，信用证不迟于2007年6月15日开抵卖方；

按中国保险条款，投保一切险及战争险（不包括罢工暴乱民变险）。

此外，双方在检验、索赔、不可抗力、仲裁等也取得了一致意见。

请分组扮演温哥华纺织品公司和中国纺织品进出口公司北京家用纺织品分公司，分别为其起草与成交签约相关的函电，并缮制销售合同。

经一番讨价还价后，如果一切顺利，实现双赢或共赢局面，交易各方就会达成交易，成交后就进入了签约阶段。可见，交易磋商是签约不可缺少的前期基础性工作，签约是交易磋商的主要目的和圆满结果。

在成交签约阶段，实际业务中常常要撰写成交签约函、接受函，并可以依据磋商过程中的函电内容缮制合同，并给对方寄发销售确认书（Sales Confirmation）或销售合同（Sales Contract），要求会签确认（countersign；countersignature）。

Step 1：撰写成交签约函

销售确认书或销售合同（S/C）做好后，我方应及时将其寄给对方让其会签。寄送合同时，我方一般要在合同外附上一封简短的签约函。签约函的内容一般包括：

- 对成交表示高兴，希望合同顺利进行。

  如：We feel much pleased to conclude 6300 sets of Haier Brand Airconditioners.

- 告知对方合同已寄出，希望予以会签。

  如：We are sending you our Sales Confirmation No. 765401 in duplicate. Please sign and return one copy for our file.

- 催促对方尽早开立信用证。

  如：To enable us to ship the goods on time, please open the L/C 15 days before the time of shipment. We await your L/C and your next order.

场景模拟示例

签约函的缮写实务范本

China Textiles Import & Export Corp.

Beijing Home Textiles Branch
No. 28 Park Avenue
Haidian District, Beijing 100037, P. R. China

March 31, 2007

Vancouver Textiles Corporation
356 Madison Street
Vancouver BC9A2, Canada

Dear Sirs

We are very pleased to conclude the deal for 17 tons of Grade A Wooltops. Enclosed please find Sales Confirmation No. 20070331 in two copies. Please sign and return one copy for our file. It is understood that the relevant L/C in our favor should be issued not later than 30 days before the stipulated time of shipment.

We anticipate the early arrival of your L/C.

Yours faithfully
China Textiles Import & Export Corp.
Beijing Home Textiles Branch

Encl. S/C

 Step 2：接受函的撰写

缮写接受函时，要认真核对函电书面磋商及口头磋商记录，看看对方提出的各项交易条件是否与磋商结果一致，只有交易条件明确、肯定、无保留条件时，才能接受。

接受可以简单表示，但需注明对方来电、来函的日期或文号，如："你10日电接受"；也可以详细表示接受，重述磋商的主要交易条件，例如大宗交易或交易磋商比较复杂的业务，在表示接受时应采用详细叙述主要交易条件的形式。

表示接受应在对方有效发盘规定的有效期之内进行，并严格遵守有关时间的计算规定。

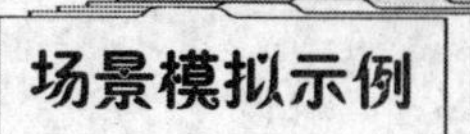

接受函的缮写实务范本

Vancouver Textiles Corporation
356 Madison Street
Vancouver BC9A2, Canada

March 31, 2007

China Textiles Import & Export Corp.
Beijing Home Textiles Branch
No. 28 Park Avenue
Haidian District, Beijing 100037
P. R. China

Dear Sirs

Your Email of March 31 has been received and enclosed is the Sales Contract No. 20070331 for 17 tons of Grade A Wooltops in duplicate. After a careful perusal of the S/C, we countersign and return one copy for your file. The relevant L/C in your favor will be issued not later than June 15, 2007, 30 days before the stipulated time of shipment.

Yours faithfully
Vancouver Textiles Corporation

Encl. S/C

Step 3：缮制出口合同

交易磋商的圆满结果就是合同即告成立，交易方构成合同关系。交易磋商结束后，双方在磋商过程中的往返函电，都是签约的依据。买卖双方往往需要据此填制固定格式的书面出口交易合同，以便将各自的权利义务以规范的合同条款的形式加以明确。

合同的主要条款包括品名及规格、数量、单价、包装、装运、付款、保险等，其他交易条件如检验、索赔、不可抗力、仲裁等能有效提高合同质量，防止和减少争议的发生，并便于争议的解决。

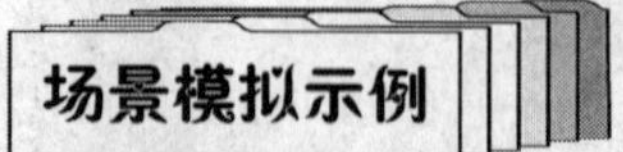

场景模拟示例

销售确认书范本

销售确认书

SALES CONFIRMATION

合同号：20070331
CONTRACT NO.：20070331
日期：2007 年 3 月 31 日
DATE：MARCH 31, 2007
签约地点：北京
SIGNED AT：BEIJING
卖方：中国纺织品进出口公司北京家用纺织品分公司
SELLERS：China Textiles Import & Export Corp.
Beijing Home Textiles Branch
地址：北京海淀区花园街 28 号，邮政编码 100037　　**传真**：
ADDRESS：No. 28 Park Avenue, Haidian District, Beijing 100037, P. R. China　　FAX.：861068985928
买方：加拿大温哥华纺织品公司
BUYERS：Vancouver Textiles Corporation
地址：加拿大温哥华麦迪逊大街 356 号　邮政编码 BC9A2　　**传真**：
ADDRESS：356 Madison Street, Vancouver BC9A2, Canada　　FAX.：17323353564

兹经买卖双方同意按下列条款成交：
THE UNDERSIGNED SELLERS AND BUYERS HAVE AGREED TO CLOSE THE FOLLOWING TRANSACTIONS ACCORDING TO THE TERMS AND CONDITIONS STIPULATED BELOW:

货号 ART. NO.	品名及规格 DESCRIPTION OF COMMODITY AND SPECIFICATION	数量 QUANTITY	单价 UNIT PRICE	金额 AMOUNT
100100	WOOLTOPS GRADE A	17 TONS	CIF VANCOUVER USD1039.36 PER TON	USD 17669.12
总值 TOTAL VALUE	SAY SEVENTEEN THOUSAND SIX HUNDRED AND SIXTY NINE POINT ONE TWO US DOLLARS			

1. 数量及总值均有 8% 的增减，由卖方决定。WITH 8% MORE OR LESS BOTH IN AMOUNT AND QUANTITY ALLOWED AT THE SELLERS'OPTION.

2. 包装（PACKING）：PACKING：50 KG IN A BALE，17 TONS OF WOOLTOPS IN A TEU FCL

3. 装运期（TIME OF SHIPMENT）：ON OR BEFORE JULY 15，2007，WITHIN 30 DAYS AFTER RECEIPT OF L/C ALLOWING TRANSSHIPMENT AND PARTIAL SHIPMET.

4. 装运口岸（PORT OF LOADING）：XINGANG TIANJIN，CHINA

5. 目的港（PORT OF DISCHARGE）：VANCOUVER，CANADA

6. 保险由卖方按发票总金额 110% 投保至温哥华为止的一切险和战争险。

COVERING ALL RISKS AND WAR RISK ONLY（EXCLUDING S. R. C. C.）AS PER THE CHINA INSURANCE CLAUSES.

7. 付款条件（PAYMENT）：买方须于 2007 年 6 月 15 日将保兑的、不可撤销的、可转让、可分割的即期信用证开到卖方。信用证在中国议付有效期延至上列装运期后 15 天。

By 100% CONFIRMED，IRREVOCABLE，TRANSFERABLE AND DIVISIBLE LETTER OF CREDIT TO BE AVAILABLE BY SIGHT DRAFT AND TO REMAIN VALID FOR NEGOTIATION IN CHINA UNTIL THE 15TH DAY AFTER THE AFORESAID TIME OF SHIPMENT.

8. 仲裁条款（ARBITRATION CLAUSES）：凡因本合同引起的或与本合同有关的争议，均应提交中国国际经济贸易委员会，按照申请仲裁时该会现行有效的仲裁规则进行仲裁，仲裁地点在___北京___，仲裁裁决是终局，对双方均有约束力。

ANY DISPUTE ARISING FROM OR IN CONNECTION WITH THIS CONTRACT SHALL BE REFERRED TO CHINA INTERNATIONAL ECONOMIC AND TRADE ARBITRATION COMMISSION FOR ARBITRATION IN ACCORDANCE WITH ITS EXISTING RULES OF ARBITRATION. THE PLACE OF ARBITRATION SHALL BE ___BEIJING___. THE ARBITRAL AWARD IS FINAL AND BINDING UPON BOTH PARTIES.

备注（REMARKS）：买方收到本售货确认书后立即签退一份，如买方对本确认书有异议，应于收到后 5 天内提出，否则认为买方已同意本确认书所规定的各项条款。

THE BUYERS ARE REQUESTED TO SIGN AND RETURN ONE COPY OF THIS SALES CONFIRMATION IMMEDIATELY AFTER RECEIPT OF THE SAME. OBJECTION，IF ANY，SHOULD BE RAISED BY THE BUYERS WITHIN FIVE DAYS AFTER RECEIPT OF THIS SALES CONFIRMATION，IN THE ABSENCE OF WHICH IT IS UNDERSTOOD THAT THE BUYERS HAVE ACCEPTED THE TERMS AND CONDITIONS OF THE SALES CONFIRMATION.

卖方（SELLERS）：	买方（BUYERS）：
中国纺织品进出口公司北京家用纺织品分公司 China Textiles Import & Export Corp. Beijing Home Textiles Branch	加拿大温哥华纺织品公司 Vancouver Textiles Corporation

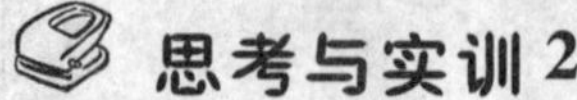

思考与实训 2

思考与实训 2－1

根据所给资料进行综合报价核算：

1. 出口碳刷（Carbon Brush）1442250 只，出口总价 US ＄73000CIF 悉尼，其中运费 US ＄1540，保险费 US ＄443，进价￥574980（含增值税 17%）。费用定额率 6%，出口退税率 9%。当时人民币市场汇价银行美元买入价为 8.30 元。请计算换汇成本和出口盈亏额。

2. 某公司向日本出口一批锰铁矿石，已知该矿石国内含税供货价格是每吨 2800 元人民币，公司出口定额费率为采购成本的 3%，国内费用共计为每吨 75 元；增值税税率 17%，出口退税率是 5%；出口商进行此项交易需垫款 30 天，银行利率为 8%（一年按 360 天计）；公司要求预期利润率是 9%，人民币对美元的汇率是 8.25：1；日本客户要求在报价中包括其 3.5% 的佣金（FOB）。请计算该商品的 FOB 报价。

3. 北京汇宁运动器材贸易公司获悉美国纽约一家健身俱乐部需要进口 1000 只健身器具。于是积极联系货源，健身器具的国内购买价为每只人民币 117 元，1000 只共计人民币 117000 元（含增值税 17%），费用定额率 10%，出口退税率 9%。出口单价为每只 CIF 纽约价 17.30 美元，CIF 总价中含运费 2160 美元、保险费 112 美元。当期的银行美元买入价格为 8.28 元。请进行出口报价核算，该批健身器具出口交易能否盈利？

思考与实训 2－2

根据资料撰写发盘还盘函电：

广东环球轻工业品进出口公司（广州东山区明月路 98 号，邮政编码 510600）在接到英国牛津福莱明公司（牛津 Catte 大街 6 号，邮政编码 OX1 3BW）2007 年 10 月初的询盘后，10 月 22 日做出发盘：

货号 HZ5323 瓷器的 FOB 广州价为 20.50 英镑；

货号 F85366 瓷器的 FOB 广州价为 29.99 英镑；

以保兑的、不可撤销的、可转让、可分割的即期信用证支付；

收到相关信用证后一个月内装船；

报价有效期为 10 天。

并应英国公司要求，随附销售说明书、插图目录。

5 天后，英国公司发来电子邮件，表明中方价格偏高，还价为货号 HZ5323 瓷器的 FOB 广州价为 19.45 英镑，货号 F85366 瓷器的 FOB 广州价为 25.50 英镑，并要求以付款交单的方式付款。

11 月 1 日，中方拒绝英方的还价，强调中国瓷器的质量上乘，在世界市场上享有盛誉。但为开发市场，同意给予特别报价：货号 HZ5323 瓷器的 FOB 广州价为 20.00 英镑，货号 F85366 瓷器的 FOB 广州价为 28.50 英镑，但坚持以信用证付款。

请根据上述信息缮写发盘函、还盘函、反还盘函。

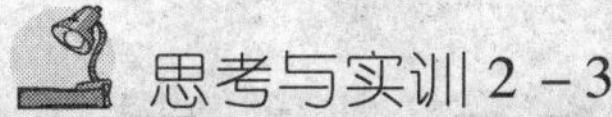

思考与实训 2－3

根据所给资料填写一份合同（空白合同见书后附录）：

经过多次交易磋商，2007 年 1 月 12 日，北京天银进出口公司与新西兰惠灵顿弗雷曼贸易公司（WELLINGTON FREEMAN TRADING CO.，NEW ZEALAND）签约，合同编号为 SK20070112。卖方天银公司和买方弗雷曼公司同意成交 36000 公吨中国大米，规格为长粒大米，碎粒（BROKEN GRAINS）不超过 35%，水分（MOISURE）不超过 15%，杂质（ADMIXTURE）不超过 1%。双方商定的交易条件如下：

单价：FOBS 天津价以毛代净（GROSS FOR NET）每吨 289 美元。

装船：2007 年 3 月、4 月、5 月分三等批交货，自中国天津经香港运至新西兰惠灵顿。

付款：按发票总额以保兑的不可撤销的信用证支付，凭即期汇票付款，在中国议付有效期为装运期后第 15 天，信用证不迟于 2007 年 2 月 14 日开抵卖方。

包装：新麻袋（GUNNY）装，每袋约 50 千克。

唛头：由卖方决定。

保险：由买方安排投保。

备注：允许数量、金额溢短装 10%

根据上述内容，为北京天银进出口公司缮制一份销售合同。

场景主题3 开立、审核及修改信用证

【实训目的】

在进出口业务中，为确保合同的履行和货款的及时收回，很多合同都规定以信用证为支付方式。在此情况下，出口商、进口商都必须做好一系列的相关工作。本主题的实训是帮助熟悉、掌握并操作信用证业务的初步流转环节，迈出确保合同履行的第一步。

【实训内容】

本主题由3个小场景组成，包括申请开立信用证、审核信用证及修改信用证，其中熟悉和掌握信用证业务的流程也是不容忽视的。

场景3.1 开立信用证

场景模拟

【场景3.1模拟】

角色：美国汤玛斯兄弟公司业务员

Date:

北京纺织品进出口公司（Beijing Textiles Imp. & Exp. Corp.）与美国汤玛斯兄弟有限公司（Messers Tomas & Brother Co., Ltd.）签订了一份以信用证为支付方式的进出口合同，合同细节请参见所附的销售确认书。

随后，北京纺织品进出口公司作为出口商开始按照合同要求备货，美国汤玛斯兄弟有限公司作为进口商要按合同要求及时开立信用证。

请扮演美国汤玛斯兄弟有限公司的业务员，以进口商的身份开立信用证。

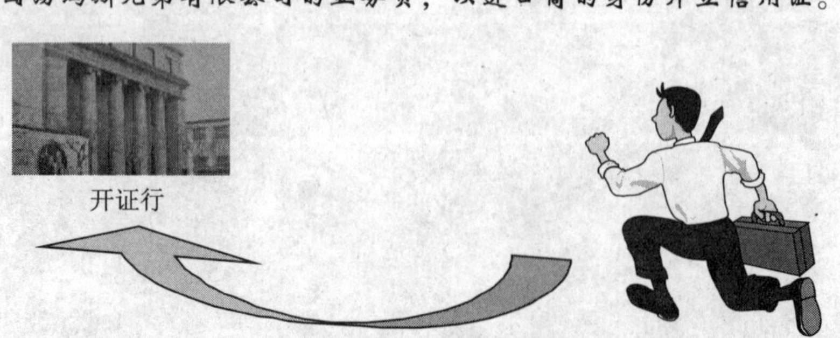

销售确认书

SALES CONFIRMATION

No. : 2006BTU001
Date: Mar. 18. 2006
Signed at: Beijing, China

The Buyer: Messers Tomas & Brother Co. , Ltd.
40500 Detroit Ave. 205, Westlake, Ohio 33415
U. S. A.

The Seller: Beijing Textiles Imp. & Exp. Corp.
No. 58 Jianguomen Road,
Beijing, China

This is to confirm the transaction made by and between the Buyers and the Sellers for the undermentioned goods on the terms and conditions as set forth here below:

Name of Commodity: 100% cotton terry tea towels
Art. No. K13009HA – A

Specification: Checked designed
In red, yellow, blue, green, purple and brown colors
"18 ×28" 37. 40/doz.

Quantity: 4,000dozen total with colors equally assorted

Packing: In cartons of 25 doz. each, one doz. in a polybag

Unit Amount: USD5. 50 per doz. CIFC2 NEW YORK

Total Amount: USD22,000. 00 only

Shipment: From China port to NEW YORK. During May, 2006
Partial shipments and transshipment are not allowed

Payment: The buyer shall open through a bank acceptable to the seller an irrevocable letter of credit at sight to reach the seller 30 days before the month of shipment valid for negotiation in China until the 15th day after the date of shipment

Insurance: To be covered by the seller for 110% of the invoice value against All Risks and SPCC as per the relevant ocean marine cargo clauses of the People's Insurance Company of China dated 01/01/1981

Shipping Marks: At Seller's option

Remarks: ……

Seller (Authorized Signature)

Buyer (Authorized Signature)

在实际业务中，信用证⑭支付方式的流转程序比较繁杂，但是只要我们由简入繁地逐步说明，掌握起来是不难的。我们接触到的信用证操作的初步环节就是开立信用证。

Step 1：了解信用证业务的主要当事人

开立信用证的流程涉及到四个主要当事人：

受益人（Beneficiary）⑮　　开证申请人（Applicant）⑯

通知行（Advising Bank）⑰　　开证行（Opening Bank）⑱

Step 2：掌握开立信用证的流程

开立信用证流程见图3－1。

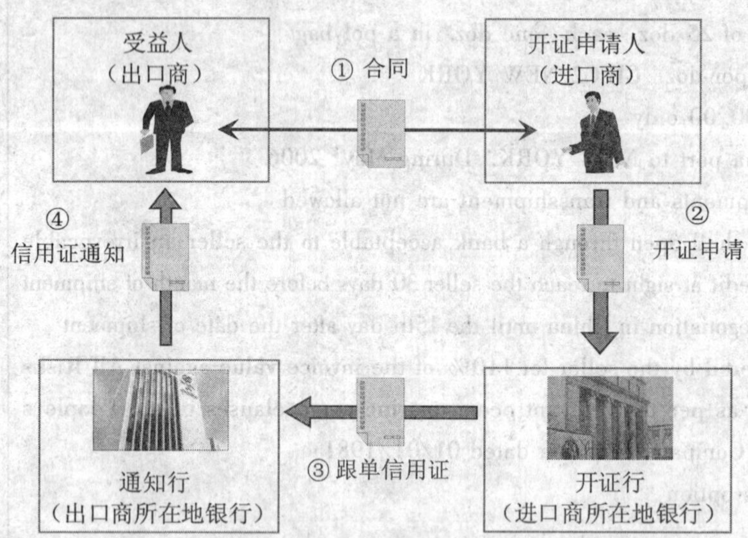

图3－1　开立信用证流程

出口商和进口商

①买卖双方签订合同，其中规定：

a. 以跟单信用证作为付款方式；b. 指定一家通知行；c. 列明所要求的单证。

进口商/开证申请人

②进口商根据合同中的具体条款填写开证申请书，向开证行提出开立以出口商为受益人

⑭信用证（Letter of Credit，L/C）是银行代表买方（进口商）开具的，承诺在买方履行非常具体的合同条件和条款之后，支付给某人（供应商、出口商或卖主）一定金额的书面文件。信用证（L/C）是该术语的缩写词，正式的术语应该是“跟单”信用证。

⑮受益人一般是指出口商。其他的英文表述方式包括：Exporter、Shipper、Drawer（出票人）、Addressee（信用证收件人）。

⑯开证申请人一般是指进口商。其他的英文表述方式包括：Purchaser、Opener、Accountee Party、Accreditor、By order of、For account of、In the name of、At request of 等。

⑰通知行的其他英文表述方式包括：Notifying Bank、Transmitting Bank

⑱开证行也可表示为 Issuing Bank.

的跟单信用证。[19]

开证行

③开证行将跟单信用证交给信用证中指定的通知行。

通知行

④通知行将跟单信用证通知给出口商。

 Step 3：申请开立信用证

现在，我们将作为进口商，按照合同要求向当地银行申请开立信用证，并填写开证申请书[20]（Application for Irrevocable Documentary Credit）。

了解信用证的开立形式

➢ 信开（L/C Opened by mail）

开证行把信用证航空邮寄给受益人或通知行。信开信用证的费用较低，但周转时间长，目前已不多见。

➢ 电开（L/C Opened by teletransmission）

电开是指以电报、电传或 SWIFT 等电信方式开立信用证，尤其是用 SWIFT[21]方式开立的信用证，目前使用十分广泛。

[19]按照国际惯例，申请开立信用证应向银行交付一定比例的押金或其他担保金，以及一定金额的开证手续费。

[20]开证申请书通常为一式两联，由银行专门印发。开证申请书有正面和背面两部分内容，正面主要内容需要开证申请人填写，背面内容一般由开证行根据相关的国际惯例和习惯做法事先确定并印制，申请人只需签字盖章即可。

[21]SWIFT 是全球银行间金融电讯协会（Society for Worldwide International Financial Telecommunications）的缩写。目前已有 100 多个国家 1000 多家银行加入，通过自动化国际金融电讯网办理成员银行间资金调拨、汇款结算和信用证传递等业务。

SWIFT 系统的特点是电文标准化，只有 SWIFT 成员银行才能用密码在它的电讯网上进行信用证资料传递，因此该类信用证真实性可靠。

填写开证申请书

开立跟单信用证应尽量符合原有合同中的各项规定，细节应清楚而明确，并应尽量简洁。

填写说明：

(1) 受益人的名称和地址一定要写全写正确，这方面的小错误可能使出口商制作的单证不正确或出现不符点。

(2) 信用证号码由银行编写。

(3) 有效期通常掌握在装运期后 15 天，到期地点一般在议付地，即受益人所在地。

(4) 填写合同规定的总值。如果实际记数或数量还无法确定的时候，你或者确定一个最大信用证金额，或者使用“约”、“大约”、“大致”等词表示所说的金额可以上下浮动 10%。如果使用以上措辞，要注意统一，也就是在数量方面也应该是可以上下浮动 10% 的，这时只要选择附加条款 4 即可。

(5) 付款条件：

① 兑现方式。给出了 4 种选择：即期付款、承兑、议付、延期付款。

② 汇票金额。

③ 付款期限。根据合同条款填写即期支付或远期支付。即期支付就填写“at sight”；远期支付须填写具体的付款时间，例如：“…at 60 days after date of B/L”。

④ 付款人。应填写开证行，“DRAWN ON US”；或指定的其他银行，“ON × × × BANK”。

此外，开证申请书下半部分的“单据要求”及“附加条款”可以根据具体情况做出选择，此处不再说明。

开证申请书样本

IRREVOCABLE DOCUMENTARY CREDIT APPLICANTION

TO: DATE:

<table>
<tr><td colspan="2" rowspan="2">Beneficiary (full name and address)</td><td>L/C NO.
Contract No.</td></tr>
<tr><td>Date and place of expiry of the credit</td></tr>
<tr><td>Partial shipments
☐allowed ☐not allowed</td><td>Transshipment
☐allowed ☐not allowed</td><td>☐Issue by airmail ☐With brief advice by teletransmission
☐Issue by express delivery
☐Issue by teletransmission (which shall be the operative instrument)</td></tr>
<tr><td colspan="2">Loading on board/dispatch/taking in charge at/from
not later than
for transportation to</td><td>Amount (both in figures and words)</td></tr>
<tr><td colspan="2" rowspan="2">Description of goods:

Packing</td><td>Credit available with
☐by sight payment ☐by acceptance ☐by negotiation
☐by deferred payment
Against the documents detailed herein
☐and beneficiary's draft for % of the invoice value at
On</td></tr>
<tr><td>☐FOB ☐CFR ☐CIF
☐or other terms</td></tr>
</table>

Documents required: (marked with √)

1. ( ) Signed Commercial Invoice in copies indicating L/C No. And Contract No.
2. ( ) Full set of clean on board ocean Bills of Lading made out to order and blank endorsed, marked "freight [ ] to collect/ [ ] prepaid [ ] showing freight amount" notifying
3. ( ) Air Waybills showing "freight [ ] to collect/ [ ] prepaid [ ] showing freight amount" and consigned to
4. ( ) Memorandum issued by consigned to
5. ( ) Insurance Policy / Certificate in copies for % of the invoice value showing claims payable in China in currency of the draft, blank endorsed, covering ([ ] Ocean Marine Transportation / [ ] Air Transportation / [ ] Over Land Transportation) All Risks, War Risks.
6. ( ) Packing List / Weight Memo in copies indicating quantity / gross and net weights of each package and packing conditions as called for by the L/C.
7. ( ) Certificate of Quantity / Weight in copies issued by an independent surveyor at the loading port, indicating the actual surveyed quantity / weight of shipped goods as well as the packing condition.
8. ( ) Certificate of quality in copies issue by [ ] manufacturer / [ ] public recognized surveyor / [ ]
9. ( ) Beneficiary's certified copy of cable / telex dispatched to the accountees within hours after shipment advising [ ] name of vessel / [ ] fight No. / [ ] wagon no., date, quantity, weight and value of shipment.
10. ( ) Beneficiary's Certificate certifying that extra copies of the documents have been dispatched according to the contract terms.
11. ( ) Shipping Co.'s Certificate attesting that the carrying vessel is chartered or booked by accountee or their shipping agents:
12. ( ) Other documents, if any:

Additional instructions:

1. ( ) All banking charges outside the opening bank are for beneficiary's account.
2. ( ) Documents must be presented within days after the date of issuance of the transport documents by within the validity of this credit.
3. ( ) Third party as shipper is not acceptable. Short Form / Blank Back B/L is not acceptable.
4. ( ) Both quantity and amount % more or less are allowed.
5. ( ) Prepaid freight drawn in excess of L/C amount is acceptable against presentation of original charges voucher issued by shipping Co. / Air Line / or it's agent.
6. ( ) All documents to be forwarded in one cover, unless otherwise stated above.
7. ( ) Other terms, if any:

Account No.: with (name of bank)

Transacted by: (Applicant: name, signature of authorized person)

Telephone No.: (with seal)

开证申请书填写实务范本

IRREVOCABLE DOCUMENTARY CREDIT APPLICANTION

TO:　THE FIRST CITIZEN BANK　　　　DATE:　30 - MAR. 2006

Beneficiary (full name and address) Beijing Textiles Imp. & Exp. Corp. No. 58 Jianguomen Road, Beijing, China		L/C NO. Contract No. 2006BTU001 Date and place of expiry of the credit JUNE 15, 2006 IN CHINA
Partial shipments □allowed ■not allowed	Transshipment □allowed ■not allowed	□Issue by airmail □With brief advice by teletransmission □Issue by express delivery ■Issue by teletransmission (which shall be the operative instrument)
Loading on board/dispatch/taking in charge at/from CHINA PORT not later than 31 MAY, 2006 for transportation to NEW YORK		Amount (both in figures and words) USD22, 000.00 SAY USD DOLLARS TWENTY TWO THOUSAND ONLY.
Description of goods: 100% cotton terry tea towels Art. No. K13009HA - A Packing In cartons of 25 doz. each, one doz. in a polybag		Credit available with □by sight payment □by acceptance ■by negotiation □by deferred payment Against the documents detailed herein ■and beneficiary's draft for 100 % of the invoice value at SIGHT On THE FIRST CITIZEN BANK OF NEW YORK, NEW YORK □FOB □CFR ■CIF □or other terms

Documents required: (marked with √)

1. (√) Signed Commercial Invoice in 2 copies indicating L/C No. And Contract No.
2. (√) Full set of clean on board ocean Bills of Lading made out to order and blank endorsed, marked "freight [ ] to collect/ [√] prepaid [ ] showing freight amount" notifying APLICANT WITH NAME AND FULL ADDRESS
3. ( ) Air Waybills showing "freight [ ] to collect/ [ ] prepaid [ ] showing freight amount" and consigned to
4. ( ) Memorandum issued by consigned to
5. (√) Insurance Policy / Certificate in 1 copies for 110% of the invoice value showing claims payable in China in currency of the draft, blank endorsed, covering ([√] Ocean Marine Transportation / [ ] Air Transportation / [ ] Over Land Transportation) All Risks, War Risks.
6. (√) Packing List / Weight Memo in 2 copies indicating quantity / gross and net weights of each package and packing conditions as called for by the L/C.
7. ( ) Certificate of Quantity / Weight in copies issued by an independent surveyor at the loading port, indicating the actual surveyed quantity / weight of shipped goods as well as the packing condition.
8. ( ) Certificate of quality in copies issue by [ ] manufacturer / [ ] public recognized surveyor / [ ]
9. (√) Beneficiary's certified copy of cable / telex dispatched to the accountees within 24 hours after shipment advising [√] name of vessel / [ ] fight No. / [ ] wagon no., date, quantity, weight and value of shipment.
10. (√) Beneficiary's Certificate certifying that extra copies of the documents have been dispatched according to the contract terms.

注：开证申请未显示的部分可以根据具体情况做出选择，此处不再说明。

场景 3.2 审核信用证

场景模拟

美国汤玛斯兄弟有限公司按合同要求如期开立了信用证，具体内容条款参见如下所附信用证。北京纺织品进出口公司收到银行通知的信用证后对其进行审核，发现信用证与合同有多处不符。请扮演北京纺织品进出口公司的业务员，对照场景 3.1 的场景模拟中提供的合同，审核美国公司开立的信用证，并写出审证报告。你是否能将全部的不符点审核出来？

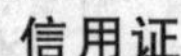

信用证

ZCZC BDQ123QHD999
PS SDAAOC
HJ HOC

FROM：THE FIRST CITIZEN BANK OF NEW YORK，NEW YORK
ADVISING BANK：
BANK OF CHINA BEIJING BRANCH
NO. 1 EAST CHANGAN STREET EAST CITY DISTRICT
BEIING 100738 CHINA

WE HEREBY ISSUE THE DOCUMENTARY CREDIT IN YOUR FAVOUR. IT ENGAGES US IN ACCORDANCE WITH THE TERMS THEREOF. THE NUMBER AND THE DATE OF THE CREDIT AND THE NAME OF OUR BANK MUST BE QUOTED ON ALL DRAFTS REQUIRED. IF THE CREDIT IS AVAILADLE BY NEGOTIATION，EACH PRESENTATION MUST BE NOTED ON THE REVERSE OF THIS ADVICE BY THE BANK WHERE THE CREDIT IS AVAILABLE.

40A： FORM OF DOCUMENTARY CREDIT
IRREVOCABLE
20： DOCUMENTARY CREDIT NUMEDIT
0006LCC150123
31C： DATE OF ISSUE
30 - MAR. 2006
31D： DATE AND PLACE OF EXPIRY
MAY 31，2006 AT OUR COUNTER
32B： CURRENCY CODE，AMOUNT
USD22，000.00 (SAY U. S. DOLLARS TWENTY TWO THOUSAND ONLY)
41D： AVAILABLE WITH...BY...
ANY BANK
NEGOTIATION
42C： DRAFT AT...

30 DAYS AFTER DATE OF B/L

42D: DRAWEE

MESSRS TOMAS & BROTHER CO., LTD.

43P: PARTIAL SHIPMENT

PROHIBITED

43T: TRANSSHIPMENT

ALLOWED

44C: LATEST DATE OF SHIPMENT

15 MAY, 2006

45A: DESCRIPTION OF GOODS AND/OR SERVICES

100% COTTON TERRY TEA TOWELS

Art. No. K23009HA - A

46A: DOCUMENTS REQUIRED

+BENEFICIARY'S SINGNED COMMERCIAL INVOICE IN DUPLICATE PLUS ONE PHOTOCOPY

+PACKING LIST IN DUPLICATE

+FULL SET OF ORIGINAL CLEAN ON BOARD OCEAN BILLS OF LADING PLUS 1 N/N COPY MARKED FREIGHT COLLECT MADE OUT TO ORDER AND NOTIFY APLICANT WITH NAME AND FULL ADDRESS

+INSPECTION CERTIFICATE ISSUED BY APPLICANT CERTIFYING THAT GODDS HAVE BEEN INSPECTED BY THEM AND FOUND CONFORM IN ALL POINT

47A: ADDITIONAL CONDITIONS

+A FEE OF USD50.00 OR ITS EQUIVALENT WILL BE DEDUCTED FROM THE PROCEEDS OF EACH SET OF DISCREPANT DOCUMENTS, WHICH REQUIPE OUR OBTAINING ACCEPTANCE FROM APPLICANT

+INSURANCE TO BE COVERED BY ULTIMATE BUYER

+5 PERCENT MORE OR LESS BOTH IN CREDIT AMOUNT AND QUANTITY OF EACH ITEM ACCEPTABLE

71B: CHARGES

ALL BANKING CHARGES OUTSIDE NEW YORK ARE FOR THE ACCOUNT OF BENEFICIARY

48: PERIOD OF PRESENTATION

DOCUMENTS TO BE PRESENTED WITHIN 21 DAYS AFTER THE DATE OF SHIPMENT BUT WITHIN THE VALIDITY OF THE CREDIT

49: CONFIRMATION INSTRUCTIONS

WITHOUT

78: INSTRUCTIONS TO PAYING/ACCEPTING/NEGOTIATING BANK

+UPON RECEIPT OF DOCUMENTS CONFORMING TO THE TERMS AND CONDITIONS OF THIS CREDIT, WE SHALL PAY THE PROCEEDS AS DESIGNATED

+NEGOTIATING BANK MUST FORWARD ALL DOCUMENTS TO US IN ONE LOT

+REIMBURSEMENT UNDER THIS L/C, IF APPLICABLE, IS SUBJECT TO ICC UNIFORM RULES FOR BANK TO BANK REIMBURSEMENTS

THE FIRST CITIZEN BANK OF NEW YORK, NEW YORK

(盖章)

出口商收到进口商开来的信用证后，应该立即对其内容逐项认真检查、审核，以便能够安全收汇。做到这一点，需要我们从逐句阅读信用证开始练习，熟悉信用证的全部结构、内容和用语。但是，熟读信用证这一步请学员们自己练习。在这个小场景中，我们重点介绍如何根据合同审核信用证。

信用证的审核要点：

审核信用证是银行和出口商的共同责任，但审核的内容各有侧重。通知行着重审核开证银行的政治背景、资信能力、付款责任及索回路线等问题。出口商的审核重点与通知行不同，而在此场景中，我们是以出口商的身份来审核信用证，因此我们着重审核的内容是信用证与买卖合同是否一致，以及信用证中的一些要求我们作为出口商能否接受照办。

在审核信用证时，需要重点关注以下几个方面：

有关信用证本身

- 是否是“不可撤销”信用证。[22]
- 是否有效。
- 有没有保证付款的文句。
- 是否有受《UCP500》约束的条款。
- 信用证当事人的名称地址是否正确。
- 有关信用证的有效期限的条款。[23]

[22]这一点很重要，关系到安全收汇的问题。如果信用证明确表明是“可撤销”的，就一定要修改。

[23]例如，没有规定有效期，信用证到期地点不在受益人所在地，到期日与装运期矛盾，交单期时间过短。

有关合同要件

货物描述、信用证金额、付款期限、装运条款、保险条款等条款是否与合同规定相符。

有关单据条款

其中特别要关注的是，信用证中是否要求出口商提供其不能获得的单证。

场景模拟示例

现在，根据前文介绍的审核信用证的要点，将美国公司开立的信用证的不符列出来，形成如下审证报告。对照这份报告，检查自己的审核结果。

审证报告

经审核上述信用证存在以下不符点：

(1) 缺少开证申请人及受益人的名称和地址，无价格条款。

(2) 信用证装运日期和有效期与合同不符，到期地点不宜在买方。

(3) 信用证是即期信用证，而不是30天远期信用证。

(4) 信用证项下的付款人应该是开证行或是指定的银行，不应是买方。

(5) 合同规定转运不允许，而信用证规定允许转运。

(6) 合同中规定的货号是K13009HA－A，而不是K23009HA－A。

（7）价格条款是CIF，提单运费栏应填“FREIGHT PREPAID”。

（8）由买方出具检验证不能接受。

（9）CIF价格条款下，保险应由卖方办理，而不是买方。

场景3.3 修改信用证

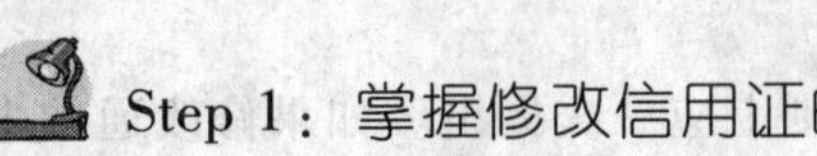

北京纺织品进出口公司的业务员在审核信用证的过程中，发现信用证与合同多处不符，并将审核结果形成了一份审证报告。该业务员于是给美国汤玛斯兄弟有限公司寄去一份函电，要求美国公司对信用证的相应条款做出修改。

请继续扮演北京纺织品进出口公司的业务员，按照审证报告撰写这份要求修改信用证的函电。

Step 1：掌握修改信用证的流程

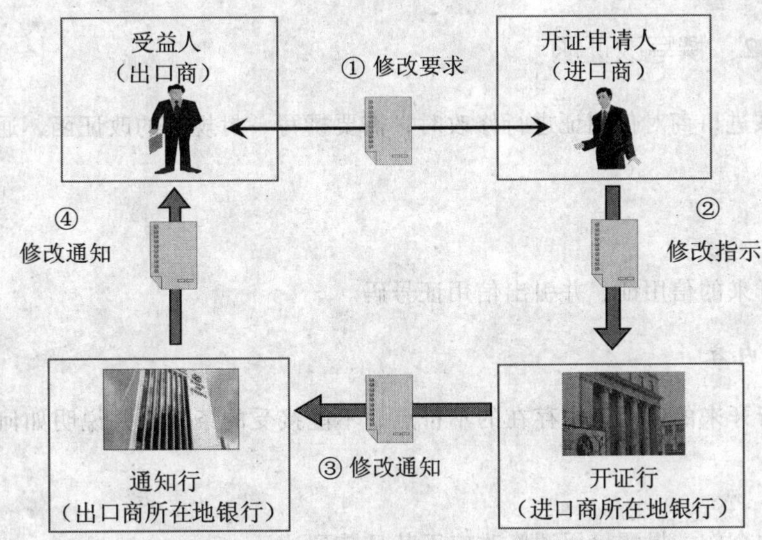

图3－2 修改信用证流程

出口商

出口商提出请求要求对信用证进行修改，可以通过电话、传真、电子邮件和面谈提出修改要求。

进口商/开证申请人

如果进口商同意修改，就指示开证行开立修改信用证。

开证行

开证行修改信用证，并将修改信用证通知给通知行。

通知行

通知行将修改信用证通知给出口商。

修改信用证应注意的问题

对于信用证，开证申请人和受益人都可以提出修改，但是由于修改信用证的条款涉及各当事人的权利和义务，所以在信用证有效期内的任何修改，都必须得到各有关当事人的同意。除此之外，信用证的修改应该注意以下几个方面：

- 出口商向开证申请人提出修改要求时，应同时规定一个修改书到达的时间。并且，出口商应该在收到对方修改通知并确定无误后再发货。
- 开证申请人提出修改信用证的要求时，受益人应对开证申请人提出的修改发出接受或拒绝的通知。
- 在同一信用证上，如有多处需要修改的，原则上应一次提出。如果修改通知书包括两项或多项内容，只能全部接受或全部拒绝，不能只接受其中的一部分。

Step 2：撰写改证函

出口商联系进口商对信用证进行修改时，需要撰写一封规范的改证函，通常应包括三个方面的内容：

开头部分

感谢对方开来的信用证，并引出信用证号码。

主要修改内容

列明开证行开来的信用证中存在的不符点、不能接受的条款，并说明如何修改。

结束部分

感谢对方的合作，提醒信用证修改应于某日前到达。

场景模拟示例

根据改证函的结构和内容要求，北京纺织品进出口公司业务员撰写的改证函如下所示：

Beijing Textiles Imp. & Exp. Corp.

No. 58 Jianguomen Road,

Beijing, China

TO: Messers Tomas & Brother Co., Ltd. DATED: APRIL 8, 2006

Dear Sirs,

We are very glad to receive your L/C No. 0006LCC150123 issued by THE FIRST CITIZEN BANK OF NEW YORK, NEW YORK dated 30 - MAR. 2006, but we are quite sorry to find that it contains some discrepancies with the S/C. Please instruct your bank to amend the L/C as quick as possible.

The L/C is to be amended as follows:

- Please add the name and address of applicant and beneficiary, and also the terms of payment.
- Please extend shipment date and the validity of the L/C to May 31, 2006 and June 15, 2006 respectively, and place of expiry should be "IN CHINA" instead of "AT OUR COUNTER".
- "DRAFT AT SIGHT" instead of "DRAFT AT 30 DAYS AFTER DATE OF B/L".
- The drawee should be issuing bank or other nominated bank, not "MESSERS TOMAS & BROTHER CO., LTD.".
- Transshipment are not allowed, not "ALLOWED".
- The Art. No. is K13009HA - A, instead of "Art. No. K23009HA - A".
- "FULL SET OF ORIGINAL CLEAN ON BOARD OCEAN BILLS OF LADING PLUS 1 N/N COPY MARKED FREIGHT COLLECT" should be "FULL SET OF ORIGINAL CLEAN ON BOARD OCEAN BILLS OF LADING PLUS 1 N/N COPY MARKED FREIGHT PREPAID".
- Please delete the clause "INSPECTION CERTIFICATE ISSUED BY APPLICANT CERTIFYING THAT GODDS HAVE BEEN INSPECTED BY THEM AND FOUND CONFORM IN ALL POINT".
- Please amend the clause "INSURANCE TO BE COVERED BY ULTIMATE BUYER" to "INSURANCE TO BE COVERED BY BENEFICIARY".

Thank you for your kind cooperation, please see to it that the L/C amendment reach us before May 1, 2006, failing which we shall not be able to effect punctual shipment.

Yours faithfully,

Beijing Textiles Imp. & Exp. Corp.

(signature)

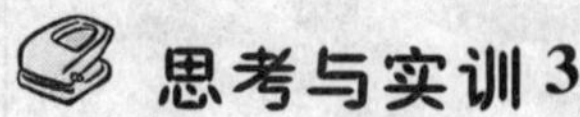

思考与实训 3

思考与实训 3 - 1

根据所给的销售合同填写一份开证申请书（空白开证申请书见书后附录）。

上海北商进出口公司

SHANGHAI BEISHANG IMP. & EXP. CORP.

销售确认书

SALES CONFIRMATION

To: The Seng Ya Co.,
351 Witobra Street,
Hongkong

No. : 01A - 0609
Date: May 15, 2006
For account of:
DDO Sports Corp.
551 Norway Street,
New York, U. S. A.

We hereby confirm having sold to you the following goods on terms and conditions as stated below;

COMMODITY & SPECIFICATION		QUANTITY	UNIT PRICE	AMOUNT
				CIFC3% NEW YORK
G1912	Table Tennis Net	500doz	US $ 10.5	US $ 5250.00
G3345	Ankle Support	1000doz	US $ 5.5	US $ 5500.00
				US $ 10750.00

PACKING: G1912 in cartons of 100 dozs. each; G3345 in cartons of 100 dozs. each total 15cartons

SHIPMENT: To be effected from Shanghai to New York during June 2006 with partial shipment and transshipment allowed

INSURANCE: To be covered by seller for 110% of invoice against All Risks and War Risk as per CIC of PICC dated 01/01/1981

PAYMENT: By irrevocable Letter of Credit to be available by sight and remain valid for negotiation in China until the 10th day after the aforesaid time of shipment.

SELLER (Authorized Signature)

BUYER (Authorized Signature)

思考与实训3－2

根据所给资料审核信用证，并写出审证报告。

SALES CONFIRMATION

S/C NO.：06BC002

DATE：JAN. 26TH，2006

The Seller：BEIJING CHEMICALS IMP. & EXP. CO.，LTD.
JINAN MANSION 306，CHAOYANG DISTRICT，BEIJING CHINA

The Buyer：LIAN AIK HANG TRADING
39/40 HONGKONG STREET，SINGAPORE

We hereby confirm having sold to you the following goods on terms and conditions as stated below：

货物名称及规格 Commodity & Specifications	数量 Quantity	单价 Unit Price	总值 Amount
100% COTTON OVERALLS	7200PCS (600DOZS)	CIF SINGAPORE USD45. 00/DOZ	USD27000. 00
100% COTTON SHIRTS	7200PCS (600DOZS)	USD16. 50/DOZ	USD9900. 00
100% COTTON SINGLETS	1200PCS (100DOZS)	USD9. 50/DOZ	USD950. 00
合计	1300DOZS		USD37850. 00
合同总额 Total Contract Value：SAY US DOLLARS THIRTY SEVEN THOUSAND EIGHT HUNDRED AND FIFTY ONLY.			

PACKING：To be packed in cartons，total 304 cartons（100% cotton overalls 30 pcs/carton；100% cotton shirts 120pcs/cartons；100% cotton singlets 300pcs/cartons.）

PORT OF SHIPMENT：Shanghai

PORT OF DESTINATION：Singapore

Partial and transshipment are allowed

TIME OF SHIPMENT：Not later than 17 Apr. 2006

TERMS OF PAYMENT：By irrevocable Letter of Credit to be available by sight draft and remain valid for negotiation in China until the 10th day after the aforesaid time of shipment

INSURANCE：To be covered by seller for 110% of CIF value against All Risks and War Pisk as per CIC of PICC dated 01/01/1981

SELLER（Authorized Signature）

BUYER（Authorized Signature）

BANK OF CHINA, SINGAPORE ORIGINAL

TELEGRAPHIC ADDRESS: "CHUNKUO"

TELEX: ****

DATE: 19TH MARCH, 2006

IRREVOCABLE DOCUMENTARY CREDIT	CREDIT NO. YL3519
ADVISING BANK BANK OF CHINA, BEIJING BRANCH	APPLICANT LIAN AIK HANG TRADING, 39/40 HONGKONG STREET, SINGAPORE
BENEFICIARY BEIJING CHEMICAL IMP & EXP CO., LTD. JINAN MANSION 306, CHAOYANG DISTRICT, BEIJING CHINA	AMOUNT USD37, 850.00 (UNITED STATES DOLLARS THIRTY SEVEN THOUSAND EIGHT HUNDRED ONLY)
EXPIRY DATE: 30TH APRIL, 2006 IN THE COUNTRY OF BENEFICIARY	

DEAR SIR (S),

WE HEREBY ESTABLISHED OUR IRREVOCABLE DOCUMENTARY CREDIT IN YOUR FAVOUR AVAILABLE BY YOUR DRAFT (S) AT SIGHT FOR FULL INVOICE VALUE DRAWN ON US, BEARING THE CLAUSE "DRAWN UNDER BANK OF CHINA, SINGAPORE CREDIT NO. YL3519 DATED 19TH MARCH, 2006" ACCOMPANIED BY THE FOLLOWING DOCUMENTS (AT LEAST IN DUPLICATE UNLESS OTHER WISE SPECIFIED)

(1) SIGNED COMMERCIAL INVOICE (S) IN QUADRUPLICATE

(2) COMPLETE SET OF CLEAN ON BOARD OCEAN BILLS OF LADING, IN TRIPLICATE, ISSUED TO ORDER OF BANK OF CHINA AND ENDORSED IN BLANK, MARKED "FREIGHT PREPAID" NOTIFY APPLICANT

(3) MARINE INSURANCE POLICY/CERTIFICATE, ENDORSED IN BLANK, FOR FULL CIF VALUE PLUS 10% STIPULATING CLAIMS PAYABLE IN SINGAPORE COVERING ALL RISKS AND WAR PISK AS PER CIC

(4) PACKING LIST

(5) CERTIFICATE OF ORIGIN EVIDENCING SHIPMENT AS PER S/C NO. 06EC002 DATED 19TH MARCH, 2006

SHIPMENT FROM CHINA TO SINGAPORE LATEST 17TH APRIL, 2006

PARTIAL SHIPMENT: PROHIBITED TRANSHIPMENT: ALLOWED

SPECIAL CONDITONS

1) ALL BANK CHARGES ARE FOR ACCOUNT OF APPLICANT

2) COMBINED TRANSPORT B/L ACCEPTABLE

3) ONE FULL SET OF NON-NEGOTIABLE SHIPPING DOCUMENTS MUST BE FORWARDED TO THE APPLICANT IMMEDIATELY AFTER SHIPMENT A BENEFICIARY'S CERTIFICATE TO THIS EFFECT IS REQUIRED

INSTRUCTION TO NEGOTIATING BANK

ALL DOCUMENTS ARE TO BE FORWARDED TO US IN TWO SETS BY CONSECUTIVE REGISTERED AIRMAIL

2 SIGNED ORIGINAL BILLS OF LADING MUST BE FORWARDED TO US IN THE 1ST MALL AND THE 3^{3D} SIGNED ORIGINAL COPY TO BE FORWARDED IN THE 2RD MALL THE AMOUNT OF EACH DRAWING MUST BE ENDORSED ON THE REVERSE OF THIS CREDIT

REIMBURSEMENT INSTRUCTION:

IN REIMBURSEMENT, WE WILL UPON RECEIPT OF THE RELETIVE DOCUMENTS ACCOMPANIED BY THEIR CERTIFICATE CERTIFYING THAT ALL TERMS AND CONDITIONS OF THIS CREDIT HAVE BEEN COMPLIED WITH, REIMBURSE THE NEGOTIATING BANK BY T/T IN ACCORDANCE WITH THEIR INSTRUCTION

WE HEREBY ENGAGE WITH DRAWERS THAT DRAFTS DRAWN AND NEGOTIATED IN CONFORMITY WITH THE TERMS OF THIS CREDIT WILL BE DULY HONOURED ON PRESENTATION

THE ADVISING BANK IS REQUESTED TO NOTIFY THE BENEFICIARY WITHOUT ADDING THEIR CONFIRMATION

THIS DOCUMENTARY CREDIT IS SUBJECT TO THE UNIFORM CUSTOMS AND PRACTICE FOR DOCUMENTARY CREDITS (1993 REVISION) INTERNATIONAL CHAMBER OF COMMERCE PUBLICATION NO. 500

YOURS FAITHFULLY,

FOR BANK OF CHINA, SINGAPORE

(AUTHORISED SIGNATURE)

思考与实训 3-3

以下给出一个修改信用证的纠纷案例，帮助大家认识在国际贸易业务中开立、审核及修改信用证时可能出现的问题及注意事项。

案情简介

1999 年我国某市食品进出口公司与英国 Z 贸易公司成交一批白鸽生意，来证条款有下列规定：“25M/TONS OF FROZEN PIGEON, SPECIFICATION: FEATERS NEAT AND INTACT WITH WINGS, ALL MALES. PACKING: IN CARTONS, FROM CHINESE PORT TO LONDON NOT LATER THAN JULY 15, 1999.”

我出口公司将来证与原合同核对后发现规格不符，原规定为“雌雄成对”或“纯雄鸽”，来证却全为“纯雄鸽”，遂要求对方修改信用证。

6 月 20 日接到信用证修改书，内容如下：“PLEASE DELETE THE CLAUSE OF ‘ALL MALES’ AND REPLACED BY ‘ASSORTED IN BRACE OF ONE MALE AND ONE FEMALE OR MALES ONLY’.”（请删除‘纯雄鸽’条款，改为‘雌雄成对或纯雄鸽’）“PACKING: IN CARTONS, EACH CONTAINING 6 BRACE, EACH PIECE INDIVIDUALLY WRAPPED IN CELLOPHANE. INSTEAD OF ‘PACKING: IN CARTONS’”。

对于第二项关于包装的修改，我出口方认为与原定合约不同，不予接受。出口方 7 月 10 日装运纯雄鸽 12.54 公吨，雌雄成对鸽 12.45 公吨，共计 24.99 公吨。关于包装，仍按原合同纸箱白纸装出，并向议付行交单议付。议付行指出，对信用证修改书不应接受一部分，不接受另一部分，因为这样违反 UCP500 第九条 d. Ⅳ条款规定。后经与开证行和开证人联系，对方同意通融办理，7 月 16 日遂向开证行寄单索汇。

7 月 21 日，开证行接到单据后来电拒付，理由是信用证修改书规定来货规格为“雌雄成对”或“纯雄鸽”，其含义为：“非此即彼，不可兼装”。开证人对来货规格无法接受。开证行代保管单据，听候处理。

我出口公司遂复电强调原订合同所指规格并非只准装一种，当时双方对规格的看法并无异议。但开证申请人 Z 贸易公司又复电称，这批货物已转销另一用户，该客户要求不能同时装两种规格，只能全部装“纯雄鸽”或全部装“雌雄成对鸽”，而不是各装一半。信用证修改书的条款即属此意。你方即已接受修改书，故来货应属不符，单据无法接受，开证行仍表示拒付。至此，我出口方只得改售其他买主，货值降价 1/3，损失惨重。

案件思考

对于本案，你认为双方在哪些方面做得有所欠缺，导致了损失的发生？它给予我们什么启示？

思考空间

场景主题4

装运出口

【实训目的】

装运出口是国际贸易实际业务中卖方履行其合同义务的主要内容之一。它是卖方制单、议付货款的基础。本主题的实训是帮助熟悉装运出口中各环节的具体内容、掌握基本操作技能。

【实训内容】

本主题由出口报检、租船订舱、出口报关、出口保险四个小场景组成。它们各自独立而又相互关联；操作内容具体而繁杂，程序性强，既涉及官方表格的填写又需要时间管理的筹划。我们用一个场景模拟贯穿出口装运中这四个环节，通过演练来学习、掌握这部分内容的实践技能。

场景模拟

中方世贸公司与美方 JASON'S TOY CO., LTD. 签订了一份出口贸易合同，并收到相关信用证。中方根据合同和信用证中的信息首先制作了商业发票和装箱单。出口合同、信用证（以其为支付方式的合同时）、商业发票、装箱单是装运出口全程各环节操作必备的基本文件。

现在我们就以中方世贸公司业务员的身份携带下面所附的出口合同、商业发票、装箱单来一起进行这一单出口报检、租船订舱、出口报关、出口保险等各环节的操作。

附件一：合同

SALES CONFIRMATION

S/C No.：SJ－0612

Date：NOVEMBER 26，2006

The Seller：SHIMAO TRADING CO.，LTD.
Address：NO. 86 BINHAI ROAD GUANGZHOU
GUANGDONG，CHINA

The Buyer：JASON'S TOY CO. LTD.
Address：256 MADISON ROAD NEWYORK
PA 18006 U. S. A.

Item No.	Commodity & Specifications	Unit	Quantity	Unit Price (US $)	AMOUNT (US $)
	TELECONTROL RACING CAR			CIF NEWYORK	
1	ART. 721	PIECE	1200	31.66	37992.00
2	ART. 663	PIECE	1000	19.70	19700.00
				TOTAL	57692.00
TOTAL CONTRACT VALUE：	SAY US DOLLARS FIFTY SEVEN THOUSAND SIX HUNDRED AND NINETY TWO ONLY				

PACKING： ART. NO.721 PACKED IN 100 CARTONS OF 12 PIECES EACH
ART. NO.663 PACKED IN 50 CARTONS OF 20 PIECES EACH
ALL IN ONE 20′ CONTAINER

TERMS OF SHIPMENT： SHIPMENT IN JANUARY 2007 WITH PARTIAL SHIPPMENT AND TRANSHIPMENT ALLOWED

PORT OF LOADING & DESTINATION： FROM HUANGPU，CHINA TO NEW YORK，U. S. A.

SHIPPING MARKS： JASON'S TOY/SJ－0612/NEW YORK/1－150

PAYMENT： THE BUYER SHALL OPEN AN IRREVOCABLE L/C IN FAVOR OF THE SELLER BEFORE DECEMBER 15TH，2006. THE L/C SHALL BE PAYABLE AT SIGHT FOR FULL INVOICE VALUE AND REMAIN VALID FOR NEGOTIATION IN CHINA FOR 15 DAYS AFTER SHIPMENT.

INSURANCE： TO BE COVERED BY THE SELLER FOR 110% OF TOTAL INVOICE VALUE AGAINST ALL RISKS AND WAR RISK AS PER THE OCEAN MARINE CARGO CLAUSES OF THE PEOPLE'S INSURANCE COMPANY OF CHINA，DATED JAN. 1ST，1981.

Confirmed by：

THE SELLER
SHIMAO TRADING CO.，LTD.
谷冰

THE BUYER
JASON'S TOY CO.，LTD.
JACK JONES

Remarks:

1. Under L/C payment terms, the Buyer shall have the covering letter of credit reach the Seller 30 days before shipment, failing which the Seller shall reserve the right to rescind without further notice, or to regard as still valid whole or any part of this contract not fulfilled by the Buyer, or to lodge a claim for losses thus sustained, if any.

2. In case of any discrepancy in quality, claim should be filed by the Buyer within 30 days after the arrival of the goods at the port of destination; while for quantity discrepancy, claim should be filed by the Buyer within 15 days after the arrival of the goods at the port of destination.

3. For transactions concluded on C. I. F. basis, it is understood that the insurance amount will be for 110% of the invoice value against the risks specified in the Sales Confirmation. In case of additional insurance amount or coverage required by the Buyer, the Seller's consent should be acquired before shipment, and the additional premium thus incurred shall be borne by the Buyer.

4. The Seller shall not be hold liable for non - delivery or delay in delivery of the whole or any part of the contracted goods by reason of natural disasters, war or other causes of Force Majeure. However, the Seller shall notify the Buyer as soon as possible and furnish the Buyer within 15 days by registered airmail with a certificate issued by the China Council for the Promotion of International Trade attesting such event (s) .

5. All disputes arising out of the performance of, or relating to this contract, shall be settled through negotiation. In case no settlement can be reached through negotiation, the case shall then be submitted to China International Economic and Trade Arbitration Commission for arbitration in accordance with its arbitration rules. The arbitration shall take place in Beijing of China. The arbitral award shall be taken as final and binding upon both parties.

6. The Buyer is requested to duly sign and return one copy of this contract made in two originals, or shall be deemed as to have accepted the terms and conditions of this contract, unless any objections be raised within 2 days after receipt of them.

7. Special conditions (which shall prevail over the relevant terms printed above in case of conflict):

7. 1 It is mutually agreed that the certificate of quality/ quantity issued by China Entry and Exit Inspection and Quarantine Bureau shall be regarded as final and binding upon both parties.

附件二：商业发票

COMMERCIAL INVOICE

THE SELLER	**INVOICE NO.**	**INVOICE DATE**
SHIMAO TRADING CO., LTD.	SJ－0612－IV－023	JAN. 17, 2007
NO. 86 BINHAI ROAD	**L/C NO.**	**L/C DATE**
GUANGZHOU GUANGDONG, CHINA	SLE－0532	DEC. 20, 2006
	L/C ISSUED BY	
	CITY BANK NEW YORK BRANCH	
THE BUYER	**CONTRACT NO.**	**CONTRACT DATE**
JASON'S TOY CO., LTD.	SJ－0612	NOVEMBER 26, 2006
256 MADISON ROAD NEWYORK	**SHIPMENT FROM**	**SHIPMENT TO**
PA 18006 U. S. A.	HUANGPU, CHINA	NEW YORK, U. S. A.
	SHIPPED BY	**TRADE TERM**
	CHANGJIANG V. 30	CIF NEW YORK

MARKS	**DESCRIPTION OF GOODS**	**QUANTITY**	**UNIT PRICE**	**AMOUNT**
	TELECONTROL RACING CAR		CIF NEW YORK IN USD	
JASON'S TOY	ART. 721	1200 PCS	31.66	37992.00
SJ－0612	ART. 663	1000 PCS	19.70	19700.00
NEW YORK				
1－150			TOTAL	57692.00

AMOUNT: SAY US DOLLARS FIFTY SEVEN THOUSAND SIX HUNDRED AND NINETY TWO ONLY

ISSSUED BY
SHIMAO TRADING CO., LTD.

魏明

(AUTHORIZED SIGNATURE)

附件三：装箱单

PACKING LIST

THE SELLER	**INVOICE NO.**	**INVOICE DATE**
SHIMAO TRADING CO., LTD	SJ－0612－IV－023	JAN. 17, 2006
NO. 86 BINHAI ROAD	**CONTRACT NO.**	**CONTRACT DATE**
GUANGZHOU GUANGDONG, CHINA	SJ－0612	NOVEMBER 26, 2006
THE BUYER	**SHIPMENT**	**SHIPMENT TO**
JASON'S TOY CO., LTD.	**FROM**	NEW YORK, U. S. A.
	HUANGPU, CHINA	
256 MADISON ROAD NEWYORK	**SHIPPED BY**	**TRADE TERM**
PA 18006 U. S. A.	CHANGJIANG V. 30	CIF NEW YORK

MARKS	DESCRIPTION OF GOODS	QTY.	G. W.	N. W.	MEAS.
	TELECONTROL RACING CAR		OF EACH CARTON		
JASON'S TOY	ART. 721 (CTN 1－100)	1200 PCS	12.5 KGS	12KGS	0.124
SJ－0612	12 PCS EACH CARTON				M3
NEW YORK	ART. 663 (CTN 101－50)	1000 PCS	16.5 KGS	16KGS	0.249
1－150	20 PCS EACH CARTON				M3

ALTOGETHER 150 CARTONS IN ONE 20′ CONTAINER.

ISSSUED BY
SHIMAO TRADING CO., LTD.

魏明

(AUTHORIZED SIGNATURE)

场景 4.1 出口报检

Step 1：了解出口报检

在我国出口业务中有两种情况需要办理出口商品申报检验：

（1）凡列入《出入境检验检疫机构实施检验检疫的进出口商品目录》的进出口商品，必须经国家出入境检验检疫机构检验，取得合格检验证书后，海关才准放行；

（2）合同双方为了明确各自的责任，避免在交货品质上出现纠纷，有时也会注明卖方交货之前需办理商品检验。即对合同货物于装运之前合理的一段时间内，在出口国由指定交易方委托的、交易各方认可的检验检疫机构进行检验检疫。[24]

[24] 出口商品的检验地点一般还可以（1）在进口国由指定交易方委托的、交易各方认可的检验检疫机构进行检验检疫；（2）在出口国检验，并于进口国复验，即在出口国由指定检验检疫机构出具检验检疫证明，作为卖方收取货款的单据之一，但不作为买方接受货物的最后依据；待货物到达目的地后的指定时间内，再由指定的进口国某一检验检疫机构进行复验，并出具复验证明。

Step 2：出口报检程序

出口商品检验的一般程序如下：

向检验检疫机构申报检验

出口商应于装运或报关七天前填写“出境货物报检单”，附上合同副本、信用证副本、有关合同货物品质的来往通信内容、凭样成交的样品等，向检验检疫机构申报检验。一份“出境货物报检单”限报一个合同或信用证的商品。报检人员须持有“报检员证”，凭证报检。没有报检员的报检单位可委托报检行办理。

检验检疫机构检验

检验检疫机构派人到出口货物存放地检验，检验合格，即发相应的检验证书。如检验不合格，出口商可要求复验。检验证书在货物出运之前到期的也须复验。

Step 3：填写出境货物报检单

“出境货物报检单”是检验检疫机构接受委托检验的依据。出口方要详细正确地逐项填制。需要签发外文证书的，要在相关部分清楚地填写外文。其填写说明如下：

（1）报检单位：报检单位全称并加盖公章或报检专用章。

（2）报检单位登记号：报检单位在检验检疫机构的登记号。同时填写联系人（报检员）名称和电话号码。

（3）报检日期：报检当天日期。

（4）编号：由商检机构受理报检人员填写。

（5）发货人：合同上卖方或信用证受益人名称（全称并中英文对照）。

（6）收货人：合同上的买方或信用证的开证申请人名称（全称并中英文对照）。

(7) 货物名称：按合同、信用证中所列的名称填写（中英文对照）。

(8) H. S. 编码：按《商品分类及编码协调制度》8 位数字填写。

(9) 产地：合同货物国内产地。

(10) 数量/重量：按实际报检商品总的数量/重量填写，注明计量单位。

(11) 货物总值：按出口合同实际情况填写。

(12) 包装种类及数量：按实际情况填写包装材料、包装情况、包装数量。

(13) 运输工具名称号码：如在订舱之前报检，可填写一般运输工具名称，如：船舶。订舱之后报检，根据实际情况填写，如船名、航次。

(14) 贸易方式：填写具体的贸易方式，如“一般贸易”。

(15) 存货地点、合同号、信用证号：按实际情况填写。

(16) 用途：按实际情况填写。

(17) 发货日期：如在订舱之前报检，按合同、信用证要求填写。订舱之后报检，按配舱回单上的船期填写。

(18) 输往国家（地区）：出口货物的目的地国家（地区）。

(19) 许可证/审批号：如有，按实际填写。

(20) 启运地、到达口岸：按合同、信用证要求填写。

(21) 生产单位注册号：报检单位在检验检疫机构的登记号。

(22) 集装箱规格、数量及号码：如在订舱之前报检，可不填集装箱号码。订舱之后报检，按配舱回单上的信息填写。

(23) 合同、信用证订立的检验检疫条款或特殊要求：将合同、信用证有关商品检验检疫的条款内容如实准确地反映在这一栏里。

(24) 标记及号码：按实际情况填写。

(25) 随附单据：按着检验需要所附的单据后面画对号“√”。

(26) 需要证单名称：在需要出的单证后面画对号“√”。

(27) 检验检疫费：由检验检疫机构填写。

(28) 签名：报检单位授权人对报检单中陈述内容的真实性的声明和签字。

(29) 领取证单：报检单位领取证单的日期并签字。

出境货物报检单样本

中华人民共和国出入境检验检疫

出境货物报检单

报检单位（加盖公章）：　　　　　　　　　　　＊编　　号＿＿＿＿＿＿

报检单位登记号：2200868766　联系人：　　　　电话：020－68984776　报检日期：　　年　月　日

发货人	（中文）
	（外文）
收货人	（中文）
	（外文）

货物名称（中/外文）	H. S. 编码	产地	数/重量	货物总值	包装种类及数量
	9405. 2000				

运输工具名称号码		贸易方式		货物存放地点	
合同号		信用证号		用途	
发货日期		输往国家（地区）		许可证/审批号	
启运地		到达口岸		生产单位注册号	2200431277
集装箱规格、数量及号码					

合同、信用证订立的检验检疫条款或特殊要求	标 记 及 号 码	随附单据（画"√"或补填）	
		□合同	□包装性能结果单
		□信用证	□许可/审批文件
		□发票	□
		□换证凭单	□
		□装箱单	□
		□厂检单	□

需要证单名称（画"√"或补填）				＊检验检疫费	
□品质证书	正　副	□植物检疫证书	正　副	总金额（人民币元）	
□重量证书	正　副	□熏蒸/消毒证书	正　副		
□数量证书	正　副	□出境货物换证凭单			
□兽医卫生证书	正　副	□出境货物通关单		计费人	
□健康证书	正　副	□			
□卫生证书	正　副	□		收费人	
□动物卫生证书	正　副	□			

报检人郑重声明：	领　取　证　单	
1. 本人被授权报检。	日　期	
2. 上列填写内容正确属实，货物无伪造或冒用他人的厂名、标志、认证标志，并承担货物质量责任。	签　名	
签名：＿＿＿＿＿＿		

注：有"＊"号栏由出入境检验检疫机关填写　　　　◆国家出入境检验检疫局制

场景模拟示例 ——出境货物报检单缮制实务范本

中华人民共和国出入境检验检疫

出境货物报检单

报检单位（加盖公章）：世贸有限公司　　　　＊编　号＿＿＿＿＿

报检单位登记号：2200868766　联系人：谷冰　电话：020－68984776　报检日期：2007 年 1 月 18 日

发货人	（中文）世贸有限公司
	（外文）SHIMAO TRADING CO. LTD.
收货人	（中文）
	（外文）JASON'S TOY CO. LTD.

货物名称（中/外文）	H. S. 编码	产地	数/重量	货物总值	包装种类及数量
电动赛车 TELECONTROL RACING CAR ART. 721 ART. 663	9405.2000	中国广州	1200 PCS 1000 PCS	57692.00 美元	出口纸箱 100 箱 50 箱 共 150 箱

运输工具名称号码	船舶	贸易方式	一般贸易	货物存放地点	广州滨海
合同号	SJ－0612	信用证号	SLE－0532	用途	自营外销
发货日期	2007/01/25	输往国家（地区）	美国	许可证/审批号	
启运地	黄埔	到达口岸	纽约	生产单位注册号	2200431277
集装箱规格、数量及号码	1 个 20 英尺货柜				

合同、信用证订立的检验检疫条款或特殊要求	标记及号码	随附单据（画"√"或补填）	
7.1 It is mutually agreed that the certificate of quality/quantity issued by China Entry and Exit Inspection and Quarantine Bureau shall be regarded as final and binding upon both parties.	JASON'S TOY SJ－0612 NEW YORK 1－150	☑合同 ☑信用证 ☑发票 ☐换证凭单 ☑装箱单 ☐厂检单	☐包装性能结果单 ☐许可/审批文件 ☐ ☐ ☐ ☐

需要证单名称（画"√"或补填）				＊检验检疫费	
☑品质证书	1 正 1 副	☐植物检疫证书	正　副	总金额（人民币元）	
☐重量证书	正　副	☐熏蒸/消毒证书	正　副		
☑数量证书	1 正 1 副	☐出境货物换证凭单		计费人	
☐兽医卫生证书	正　副	☐出境货物通关单			
☐健康证书	正　副	☐			
☐卫生证书	正　副	☐		收费人	
☐动物卫生证书	正　副	☐			

报检人郑重声明：	领取证单	
1. 本人被授权报检。 2. 上列填写内容正确属实，货物无伪造或冒用他人的厂名、标志、认证标志，并承担货物质量责任。 签名：谷冰	日　期	
	签　名	

注：有"＊"号栏由出入境检验检疫机关填写　　　◆国家出入境检验检疫局制

场景模拟示例——出入境检验检疫机构出具的品质证书实务范本

中华人民共和国出入境检验检疫
ENTRY-EXIT INSPECTION AND QUARANTINE
OF THE PEOPLE'S REPUBLIC OF CHINA

正 本
ORIGINAL

共1页第1页 Page 1of 1

编号 No.:260002204037910

品 质 证
QUALITY CERTIFICATE

发货人 Consignor	SHIMAO TRADING CO., LTD. NO. 86 BINHAI ROAD, GUANGZHOU GUANGDONG, CHINA	
收货人 Consignee	JASON'S TOY CO. LTD. 256 MADISON ROAD NEWYORK, PA 18006 U.S.A.	
品名 Description of goods	TELECONTROL RACING CAR ART. 721 / ART. 663	标记及号码 Marks & No. JASON'S TOY SJ-0612 NEW YORK 1-150
报检数量/重量 Quantity/Weight Declared	ART. 721 1200 PCS ART. 663 1100 PCS	
包装种类及数量 Number and Type of Packages	ART. 721 IN 100 CARTONS ART. 663 IN 50 CARTONS	
运输工具 Means of Conveyance	BY VESSEL	

检 验 结 果:
RESULTS OF INSPECTION:
QUALITY AND QUANTITY OF THE ABOVE MENTIONED CARGO CONFORM WITH THOSE STIPULATED IN THE S/C NO. CH0499.
****

印章
Official Stamp

签证地点 Place of Issue GUANGZHOU　　签证日期 Date of Issue 22 JAN 2007

授权签字人 Authorized Officer LINJING　　签 名 Signature 林静

场景模拟示例——出口企业出具的品质数量证书实务范本

在出口业务中，有时买方仅要求卖方企业出具的品质数量证书，在这种情况下，可按照如下所示缮制：

世贸有限公司

SHIMAO TRADING CO., LTD.

NO. 86 BINHAI ROAD, GUANGZHOU GUANGDONG, CHINA

Tel: 020－68984776 Fax: 020－68984777

TO: M/S
JASON'S TOY CO. LTD.
256 MADISON ROAD
NEWYORK, PA 18006 U. S. A.
Tel: 001 95 333 Fax.: 001 95 333

品质数量证书

QUALITY & QUANTITY CERTIFICATE

发票号码
INVOICE No. SJ－0612－IV－023
合约号码
S/C No. SJ－0612
日期
Date JAN. 22, 2007

唛头号码 MARKS & NUMBERS	货品名称 DESCRIPTIONS	数量 QUANTITIES
JASON'S TOY	TELECONTROL RACING CAR	
SJ－0612	ART. 721	1200 PCS IN 100 CARTONS
NEW YORK	ART. 663	1000 PCS IN 50 CARTONS
1－150		

RESULT OF INSPECTION:
THE QUALITY AND QUANTITY OF THE ABOVE MENTIONED GOODS CONFORM WITH THOSE STIPULATED IN THE S/C NO. SJ－0612

世贸有限公司
SHIMAO TRADING CO., LTD.
×××

场景4.2 租船订舱

以CFR和CIF术语成交的出口合同，在信用证得到落实、货物准备工作尽在掌握之中的情况下，出口方应于适当时间提前租船或订舱，以确保船货衔接、按时出运。

租船或订舱是货物出运的前期工作，是交货环节中至关重要的部分。大多数情况下，这部分工作连同出口报关和储运业务，一并委托专业的涉外货运代理公司（货代）去做。

Step 1：了解班轮运输的船期表和运价表

一般来说，大宗货物需要租船，而较少的出口货物只需预订班轮或部分舱位。在日常的出口业务中后者居多，其中以集装箱方式运输日益普遍。这里仅就集装箱班轮货运订舱进行介绍。

在介绍集装箱班轮货运订舱的基本程序之前，我们先看看两个船期表和运价表实例。作为货物托运方，即便委托货代公司办理货运订舱，自己也应该了解货物出运的过程，并尽可能多地掌握船期和运费的相关信息。

船期表 示例[25]

出口 LCL 船期表 － 5 月

SHANGHAI - OSAKA

(HDS 周四抵大阪，周五9：00 起提货)

船名	VESSEL NAME	航次 VOYAGE	截关 CUT OFF	上海 ETD	大阪 ETA	备注 REMARKS
取消	CANCEL			4 - May		
恒裕	HENG YU	0418E/W	9 - May	11 - May	13 - May	锦江 周二 张华浜
恒裕	HENG YU	0419E/W	16 - May	18 - May	20 - May	
恒裕	HENG YU	0420E/W	23 - May	25 - May	27 - May	

(HDS 周一抵大阪，周一13：00 起提货)

船名	VESSEL NAME	航次 VOYAGE	截关 CUT OFF	上海 ETD	大阪 ETA	备注 REMARKS
隆裕	PROSRICH	0419E/W	5 - May	7 - May	10 - May	锦江 周五 张华浜
隆裕	PROSRICH	0420E/W	12 - May	14 - May	17 - May	
隆裕	PROSRICH	0421E/W	19 - May	21 - May	24 - May	
隆裕	PROSRICH	0422E/W	26 - May	28 - May	31 - May	

送货地址：

上海环亚物流有限公司　　地址：江杨南路 1395 号

电话：3611 0276

垂询电话：　操作部：　5385 5100 － 109

　　　　　　销售部：　5385 5100 － 125

LOCAL CHARGE IN JAPAN：　CFS CHARGE：JPY3980/RT

CHC：JPY1210/RT

D/O FEE：JPY5000/SET

[25]这里只截取了船期表的一小部分，上海中外运船务代理有限公司出口船期表提供了更全面的信息，可访问该网址：http：//www.sinoagentsh.com/downloadlist.aspx？type = 3

东旗国际海运运价表

发布日期：2006－10－27 12：15

起运港：广州黄埔　　运输条款：CY－CY　　以下运价以美元（USD）计价

东南亚、日本	目的港	20GP	40GP	40HQ	船期
HONGKONG	香港	210	280	280	周1、3、5
KAOSHIUNG/ KEELUNG	高雄/基隆/台中	130	250	280	周1、3、5
TOKYO/YOKOHAMA/ NAGOYA	东京/横滨/名古屋	300	550	550	周1－5
OSAKA/KOBE/MOJI	大阪/神户/门司	300	550	550	周1－5
BANGKOK/ LAEMCHABANG	曼谷/林查班	310	520	520	周1－5
HO CHI MINH CITY	胡志明	360	590	590	周1、4
SINGAPORE	新加坡	390	650	650	周3
PORT KELANG	巴生港	410	690	690	周3
PENANG	槟城	450	730	730	周3
PASIRGUDANG	巴西古丹	420	690	690	周3
JAKARTA	雅加达	420	690	690	周3
SURABAYA	泗水	470	720	720	周3
MANILA	马尼拉	390	650	650	周1－5
PHONM PENH	金边	950	1660	1660	周4
SIHANOUKVILLE	西哈努克	980	1680	1680	周2、4
中东印巴线	**目的港**	**20GP**	**40GP**	**40HQ**	**船期**
NHAVA SHEVA	那瓦夏瓦	790	1390	1390	周1－5
CALCUTTA	加尔各答	880	1680	1750	周1－5
NEW DELHI（T）	新德里T港	1390	2490	2490	周1、3
DUBAI	迪拜	790	1490	1490	周1－5
BANDAR ABBAS	班达阿巴斯	890	1680	1680	周1－5
DAMMAN	达曼	950	1680	1680	周1－5
RIYADH	利雅德	1120	1980	1980	周1－5
JEDDAH	吉达	1280	2250	2250	周1－5
AQABA	亚喀巴	1580	2980	2980	周1－5
ADEN	亚丁	1490	2890	2890	周1－5
HODEIDAH	荷台达	1490	2890	2890	周1－5
COLOMBO	科伦坡	680	1190	1190	周1－5
KARACHI	卡拉奇	780	1390	1390	周1－5
PORT QASIM	昆新港	730	1290	1290	周1－5
CHITTAGONG	吉大港	1350	2280	2280	周1－5
欧洲基本港/地中海线	**目的港**	**20GP**	**40GP**	**40HQ**	**船期**
ANTWERP	安特卫普	1580	3080	3080	周1、3、5
ROTTERDAM	鹿特丹	1580	3080	3080	周1、3、5
HAMBURG	汉堡	1351580	2483080	3080	周1、3、5
LEHAVRE	勒阿佛尔	1580	3080	3080	周1、3、5
BARCELONA	巴塞罗那	1580	3080	3080	周1、3、5

续表

欧洲基本港/地中海线	目的港	20GP	40GP	40HQ	船期
FOS	福斯	1580	3080	3080	周1、3、5
NAPLES	那不勒斯	1580	3080	3080	周1、3、5
ISTANBUL/	伊斯坦布尔	1780	3390	3590	周1、3、5
IZMIR	伊兹密尔	1780	3390	3590	周1、3、5
PIRAEUS	比雷埃夫斯	1780	3390	3590	周1、3、5
THESSALONIKI	塞萨洛尼基	1780	3390	3590	周1、3、5
HAIFA	海法	1980	3790	3980	周1、3、5
美国东/西岸线	**目的港**	**20GP**	**40GP**	**40HQ**	**船期**
NEW YORK	纽约	2990	4150	4490	周3、5
LOS ANGELES/ LONG BEACH/	洛杉矶/长滩	1580	2250	2390	周3、5
加拿大	**目的港**	**20GP**	**40GP**	**40HQ**	**船期**
VANCOUVER	温哥华	2780	3880	4180	周3、5
澳洲/新西兰	**目的港**	**20GP**	**40GP**	**40HQ**	**船期**
SYDNEY/MELBOURNE	悉尼/墨尔本	1590	2990	3080	周3、6
AUCKLAND	奥克兰	1590	3080	3080	周2
非洲航线	**目的港**	**20GP**	**40GP**	**40HQ**	**船期**
APAPA/LAGOS	阿帕帕/拉各斯	3090	5790	5880	周1－5
LOME	洛美	2980	5690	5790	周1－5
TEMA	特马	3080	5890	5990	周1－5
COTONOU	科托努	3080	5890	5990	周1－5
TRIPOLI	的黎波里	2380	4690	4890	周1、3、5
LUSAKA	卢萨卡	5980	9480	9580	周1、3、5
MOMBASA	蒙巴萨	2190	3990	3990	周1、3、5
中南美	**目的港**	**20GP**	**40GP**	**40HQ**	**船期**
BUENAVENTURA	布埃纳文图拉	2580	4980	5080	周2、4、5
CALLAO	卡亚俄	2580	4980	5080	周2、4、5
GUAYAQUIL	瓜亚基尔	2580	4980	5080	周2、4、5
IQUIQUE	伊基克	2580	4980	5080	周2、4、5
SAN VICENTE	圣维森特	2580	4980	5080	周2、4、5
SAN ANTONIO	圣安东尼奥	2580	4980	5080	周2、4、5
BUENOS AIRES	布宜诺斯艾利斯	2580	4980	5080	周2、4、5

备注：

(1) 以上是黄埔起步部分港口的海运费（已含附加费）只需加文件费 USD16.00/票，因港口众多，敬请来电咨询；

(2) 另有南沙、深圳、佛山、江门、中山等起步的海运价和海运拼箱靓价，敬请来电咨询；

(3) 我公司与 YM、TSL、PIL、OOCL、MAERSK、MSC、APL、HYUNDAI、COSCO、CSCL 等多家船公司长期合作，舱位保证；

(4) 中亚五国/俄罗斯（伊朗、伊拉克、阿富汗、乌兹别克、哈萨克斯坦、阿塞拜疆等国家）的海运价和海铁多式联运靓价，欢迎来电来函咨询；

(5) 以上运价仅供参考，运价常有变动，请在订舱前确认。

Step 2：出口订舱程序

填写订舱委托书（Shipping Note）

出口方首先要通过各船公司定期发布的船舶、船期、运价信息选择合适的船舶和航次。这些信息也可以同时从货代那里征询，同时也可以从网上自己查询。然后选定某一货代，填写其提供的订舱委托书，确立出口方与货代之间的委托代理关系。出口方与货代在订舱过程中统称托运人。

订舱委托书中需要列明托运人（出口方）名称、收货人名称、信用证相关信息、出口货物的描述、目的港、最后装运日期、是否允许分批和转运等内容，作为订舱的依据。这些内容要严格按照合同或信用证规定填写。

缮制托运单（Booking Note）[26]

货代接受委托后，即根据委托书内容填写托运单，随同货物商业发票、装箱单和其他必要单证向船公司办理订舱。

船公司签发装货单

船公司根据托运单内容，结合考虑船舶的航线、挂靠港、船期和舱位等条件，如接受订舱便在托运单数联上编号（该编号也是将来签发的提单号），填上船名、航次，并签字确认托运人的订舱。船公司在托运单上签字后，将装货单（Shipping Order, S/O）等与托运人有关的单据退还托运人。

这时，出口方一方面可以凭配舱回单上的信息开始投保，并根据货代安排将货物运至指定货场；另一方面，将报关单和其他相关单据填制好，随装货单[27]由货代办理报关手续。

[26]托运单一般制成一式数份，分别用于配舱回单、装货单、港务费申请书、场站收据和场站收据副本、发货人和外运公司留底等。

[27] 装货单又叫关单，因为海关放行时要在它上面盖放行章。装货单同时又俗称下货纸，因为它也是船公司通知船方装货的凭证。

Step 3：填写订舱委托书

（1）发货人：又称托运人。填写信用证受益人（出口方）的名称、地址。
（2）收货人：信用证规定的提单收货人。
（3）通知人：信用证规定的提单通知人。
（4）信用证号码：按实际填写。
（5）开征银行：信用证开征行名称。
（6）合同号码：按实际填写。
（7）成交金额：合同总金额。
（8）装运口岸：按信用证规定的装运港名称填写。
（9）目的港：按信用证规定的卸货港名称填写。
（10）转船运输：根据信用证是否允许填写“YES”或“NO”。
（11）分批运输：根据信用证是否允许填写“YES”或“NO”。
（12）信用证有效期：按信用证填写。

（13）装运期限：按信用证规定的装运期限填写。

（14）运费：按信用证规定填写“运费预付”（FREIGHT PREPAID）或“运费到付”（FREIGHT TO COLLECT）。

（15）成交条件：根据成交的贸易术语填写，如：“CIF”或“FOB”等。

（16）公司联系人：发货人（出口方）业务联系人姓名。

（17）电话/传真：发货人（出口方）业务联系人的电话/传真。便于装运货物期间有问题时联系。

（18）公司开户行：发货人（出口方）公司开户行。

（19）银行账号：发货人（出口方）银行账号。

（20）特别要求：对订舱的或提单的特别要求。

（21）标记唛码：按信用证规定标明唛头（运输标志）。

（22）货号规格：按实际填写。

（23）包装件数：同一项货物外包装数量。

（24）毛重：同一项货物外包装数量的重量之和。

（25）净重：同一项货物去掉包装重量的重量之和。

（26）数量：同一项货物以单价为单位的货物数量。按信用证规定填写。

（27）单价：按实际填写。如信用证有描述，按信用证填写。

（28）总价：同一项货物的总价。按信用证填写。

（29）总件数：各项货物外包装件数加起来的总数。

（30）总毛重：各项货物毛重总计。

（31）总净重：各项货物净重总计。

（32）总尺码：各项货物外包装件数总体积。

（33）总金额：按信用证填写。

（34）备注：填写上述栏目未及事宜。

出口货物订舱委托书样本

出 口 货 物 订 舱 委 托 书　　　　日期：

<table>
<tr><td rowspan="4">1）发货人</td><td colspan="2">4）信用证号码</td></tr>
<tr><td colspan="2">5）开证银行</td></tr>
<tr><td>6）合同号码</td><td>7）成交金额</td></tr>
<tr><td>8）装运口岸</td><td>9）目的港</td></tr>
<tr><td rowspan="4">2）收货人
TO ORDER</td><td>10）转船运输</td><td>11）分批装运</td></tr>
<tr><td>12）信用证有效期 26 - FEB - 07</td><td>13）装船期限</td></tr>
<tr><td>14）运费</td><td>15）成交条件</td></tr>
<tr><td>16）公司联系人</td><td>17）电话/传真</td></tr>
<tr><td rowspan="2">3）通知人</td><td>18）公司开户行招商银行秀水支行</td><td>19）银行账号 123456789</td></tr>
<tr><td colspan="2">20）特别要求</td></tr>
</table>

21）标记唛码	22）货号规格	23）包装件数	24）毛重	25）净重	26）数量	27）单价	28）总价

29）总件数	30）总毛重	31）总净重	32）总尺码	33）总金额

34）备注

场景模拟示例

出口货物订舱委托书样本　　　　日期：08 - JAN - 07

<table>
<tr><td rowspan="6">1）发货人
SHIMAO TRADING CO. , LTD.
NO. 86 BINHAI ROAD
GUANGZHOU GUANGDONG ,
CHINA</td><td colspan="2">4）信用证号码　SLE - 0532</td></tr>
<tr><td colspan="2">5）开证银行　CITY BANK NEW YORK BRANCH</td></tr>
<tr><td>6）合同号码　SJ - 0612</td><td>7）成交金额 US$ 21840. 00</td></tr>
<tr><td>8）装运口岸　HUANGPU</td><td>9）目的港　NEW YORK</td></tr>
<tr><td>10）转船运输　ALLOWED</td><td>11）分批装运　ALLOWED</td></tr>
<tr><td>12）信用证有效期　26 - FEB - 07</td><td>13）装船期限　31 - JAN - 07</td></tr>
<tr><td rowspan="3">2）收货人
TO ORDER</td><td>14）运费　PREPAID</td><td>15）成交条件 CIF NEW YORK</td></tr>
<tr><td>16）公司联系人　谷冰</td><td>17）电话/传真　020 - 68984776</td></tr>
<tr><td colspan="2"></td></tr>
<tr><td rowspan="2">3）通知人
JASON'S TOY CO. , LTD.
256 MADISON ROAD NEWYORK
PA 18006 U. S. A.</td><td>18）公司开户行　招商银行秀水支行</td><td>19）银行账号　123456789</td></tr>
<tr><td colspan="2">20）特别要求
请配 1 月 26 日船。</td></tr>
</table>

21）标记唛码	22）货号规格	23）包装件数	24）毛重	25）净重	26）数量	27）单价	28）总价
	TELECONTROL RACING CAR					IN USD CIF NEW YORK	
JASON'S TOY							
SJ - 0612	ART. 721	100CTNS	1250KGS	1200KGS	1200 PCS	31. 66	37992. 00
NEW YORK	ART. 663	50CTNS	825KGS	800KGS	1000 PCS	19. 70	19700. 00
1 - 150		IN ONE 20′ CONTAINER					

29）总件数	30）总毛重	31）总净重	32）总尺码	33）总金额
150 CTNS	2075KGS	2000KGS	24. 85M3	USD57692. 00

34）备注

配舱回单实务范本

Shipper(发货人) **SHIMAO TRADING CO. , LTD.** **NO. 86 BINHAI ROAD** **GUANGZHOU GUANGDONG, CHINA**	D/R NO. (编号) COS880723
Consignee(收货人) **TO ORDER**	**配舱回单**
Notify Party(通知人) **JASON′S TOY CO. LTD.** **256 MADISON ROAD NEW YORK** **PA 18006 U.S.A.**	

Pre-carriage by (前程运输)	Place of Receipt (收货地点)	
Vessel(船名) Voy.No.(航次) **CHANGJIANG V.30**	Port of Loading (装货港) **HUANGPU**	
Port of Discharge (卸货港) **NEW YORK**	Place of Delivery(交货地点)	Final Destination for the Merchant′s Reference (目的地)

Container No. (集装箱号)	Marks & Nos. (标志与号码)	Nos. Kinds of Packages (包装件数与种类)	Description of Goods (货名)	Gross Weight (kg) 毛重(公斤)	Measurements(m^3) 尺码(立方米)
COSX663209	**JASON′S TOY** **SJ-0612** **NEW YORK** **1-150**	**1 CONTAINER** **150 CTNS**	**TELECONTROL RACING CAR**	**2075KGS**	**24.85m^3**

Total Number of Containers Or Packages (In Words) 集装箱数或件数合计(大写)	**SAY ONE HUNDRED AND FIFTY CARTONS ONLY**

Freight & Charges (运费与附加费)	RevenueTons (运费吨)	Rate (运费率)	Per(每)	Prepaid (预付)	Collect (到付)

Ex. Rate: (兑换率)	Prepaid at(预付地点) **HUANGPU**	Payable at (到付地点)	Place of Issue (签发地点)
	Total Prepaid (预付总额)	No. of Original B(s)/L (正本提单份数) THREE(3)	

Service Type on Receiving CY	Service Type on Delivery CY	提单签发:
可否转船: **ALLOWED**	可否分批: **ALLOWED**	
装期: **26-JAN-07**	效期: **26-FEB-07**	
金额: **US$ 57692.00**		
制单日期: **16-JAN-07**		

装货单实务范本

装　货　单

D/R NO.（编号） COS880723

Shipper(发货人)
SHIMAO TRADING CO., LTD.
NO. 86 BINHAI ROAD
GUANGZHOU GUANGDONG, CHINA

Consignee(收货人)
TO ORDER

Notify Party(通知人)
JASON'S TOY CO., LTD.
256 MADISON ROAD NEW YORK
PA 18006 U.S.A.

Pre-carriage by (前程运输)	Place of Receipt (收货地点)	
Vessel(船名) Voy.No.(航次) **CHANGJIANG V.30**	Port of Loading (装货港) **HUANGPU**	
Port of Discharge (卸货港) **NEW YORK**	Place of Delivery(交货地点)	Final Destination for the Merchant's Reference (目的地)

Container No. (集装箱号)	Marks & Nos. (标志与号码)	Nos. Kinds of Packages (包装件数与种类)	Description of Goods (货名)	Gross Weight (kg) 毛重(公斤)	Measurements(m^3) 尺码(立方米)
COSX663209	**JASON'S TOY** **SJ-0612** **NEW YORK** **1-150**	**1 CONTAINER** **150 CTNS**	**TELECONTROL RACING CAR**	**2075KGS**	**24.85m^3**

Total Number of Containers Or Packages (In Words) 集装箱数或件数合计(大写)　**SAY ONE HUNDRED AND FIFTY CARTONS ONLY**

Freight & Charges (运费与附加费)	RevenueTons (运费吨)	Rate (运费率)	Per(每)	Prepaid (预付)	Collect (到付)
Ex. Rate: (兑换率)	Prepaid at(预付地点) **HUANGPU**	Payable at (到付地点)		Place of Issue (签发地点)	
	Total Prepaid (预付总额)	No. of Original B(s)/L (正本提单份数) THREE(3)			

Service Type on Receiving CY		Service Type on Delivery CY		中华人民共和国海关 验讫放行
可否转船:	**ALLOWED**	可否分批:	**ALLOWED**	
装期:	**26-JAN-07**	效期:	26-FEB-07	
金额:	**US$ 57692.00**			
制单日期:	**16-JAN-07**			

场景 4.3　出口报关

根据《中华人民共和国海关法》规定，所有进出境的货物和运输工具必须通过设有海关的地方出入境并接受海关监督。出口报关既是出口单位或其代理人在货物出境时，向海关交验有关单证，请求海关查验放行的过程。报关人员必须持有《报关员证》。

Step 1：出口报关程序

出口报关的业务流程可以概括如下：

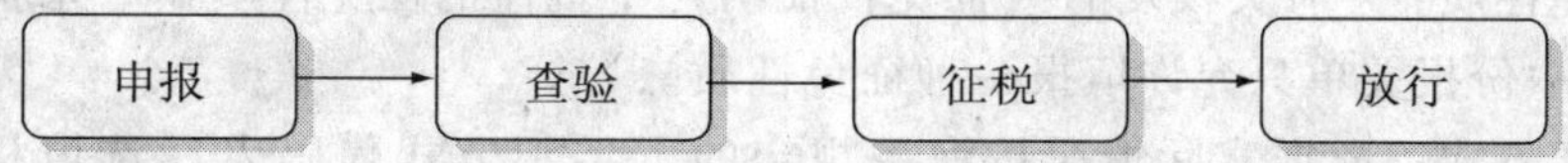

申报

按照海关法的规定，申报工作应于货物装船的 24 小时以前开始。我们在订舱一节中提到，出口单位在订舱结束时拿到配舱回单和装货单（Shipping Order，S/O）即可开始投保、运货至指定货场、报关。报关时要向海关提交《出口货物报关单》、装货单、商业发票、装箱单、外汇核销单、出口合同复印件、信用证复印件等。如果属于国家许可证管理产品、法检产品，或合同、信用证有规定，出口方还应提供货物的出口许可证、检验检疫证、原产地证等。

查验

海关对出口单位交验的货物和单据依法实施查验。

征税

国家对出口商品一般不征收出口税。

放行

上述手续完毕，海关认为可以放行，便在装货单上盖放行章。

Step 2：填写出口货物报关单

出口货物报关单由中华人民共和国海关统一印制。一般贸易出口货物报关单应按如下方法填制（带有 * 号的部分由海关人员填写）。

（1）预录入编号：* 预录入或 EDI 报关单位对报关单的编号，用于该单位与海关之间在这份报关单尚未批准放行时引用。

（2）海关编号：* 海关接受申报时给予报关单的编号。

（3）出口口岸：货物报关口岸海关的名称。

（4）备案号：* 进出口企业在海关办理加工贸易合同备案或征、减、免税审批备案手续时，海关给予的《登记手册》编号或《免税证明》编号。

(5) 出口日期：配舱回单上的装运日期。填6位数，顺序为年、月、日各2位。

(6) 申报日期：报关日期。填6位数，顺序为年、月、日各2位。

(7) 经营单位：出口方。经营单位编码为十位数字，指进出口企业在所在地主管海关办理注册登记手续时，海关给企业设置的注册登记编码。

(8) 运输方式：按实际运输方式填写，如江海、陆运或空运。

(9) 运输工具名称：根据配舱回单填写，如船名、航次。

(10) 提运单号：配舱回单上的D/R编号（也是将来的提单号）。一份报关单只允许填报一个提运单号，一票货物对应多个提运单时，应分单填报。

(11) 发货单位：货物在境内的生产及销售单位的名称或其海关注册编码。

(12) 贸易方式：根据实际情况按海关规定的《贸易方式代码表》填写相应的贸易方式，如一般贸易、易货贸易、加工贸易等。一份报关单只允许填报一种贸易方式。

(13) 征免性质：*海关核发的《征免税证明》中批注的征免性质如"来料加工"、"一般征税"等。一份报关单只允许填报一种征免性质。

(14) 结汇方式：根据实际情况按海关规定的《结汇方式代码表》选填相应的结汇方式，如T/T、D/A、D/P、L/C等。

(15) 许可证号：填写该批货物出口的许可证。一份报关单只允许填报一个许可证号。非许可证管理商品不填。

(16) 运抵国：填写进口国。

(17) 指运港：目的港。

(18) 境内货源地：合同货物的产地。

(19) 批准文号：出口收汇核销单编号。

(20) 成交方式：根据实际成交价格条款按海关规定的《成交方式代码表》填写相应的成交方式代码，如CIF、CFR、FOB等。

(21) 运费：整批货物实际支付的出口运费。[28]

(22) 保费：出口方实际支出的保险费。[29]

(23) 杂费：国内其他费用。填写人民币。[30]

(24) 合同协议号：出口合同号。

(25) 件数：本栏应填报有外包装的进出口货物的实际件数，裸装货物填报为1。

(26) 包装种类：实际外包装种类。

(27) 毛重：以公斤为计量单位的货物总毛重。不足一公斤的填报为1。

(28) 净重：以公斤为计量单位的货物总净重。不足一公斤的填报为1。

(29) 集装箱号：配舱回单上的集装箱编号。集装箱号是在每个集装箱箱体两侧标示的全球唯一的编号。集装箱数量四舍五入填报整数。非集装箱货物填报为0。多于一个集装箱的情况下，其余集装箱编号打印在备注栏或随附清单上。[31]

(30) 随附单据：随出口货物报关单一并向海关递交的单证或文件。发票、装箱单、合同、许可证等必备的随附单证不在本

[28]可以选择运费率、运费单价、运费总价三种方式之一填报，同时注明运费标记和币种代码。运费标记："1"表示运费率，"2"表示货物的运费单价，"3"表示运费总价。常见币种代码美元502，日元116，港元110。运费填报示例：5%的运费率填报为5/1；24美元的运费单价填报为502/24/2；7000美元的运费总价填报为502/7000/3。

[29]可按照保险费率和保险费总价两种方式之一填报。填报方法如运费。

[30]可按照杂费率和杂费总价两种方法之一填报。

[31]填报本栏时，要将实际进出口的箱数折算成20英尺标准集装箱数加以说明，表示方法：集装箱号*集装箱数量(折算的标准集装箱数)。例如TEXU3605231*2 (3)，表示一个集装箱号为TEXU3605231，*2表示共有两个集装箱，(3) 说明这两个集装箱按照20英尺计应为3个标准集装箱。

栏目填报。应按海关规定的《监管证件名称代码表》选择填报相应证件的代码，并填报每种证件的编码（编号打印在备注栏下半部分）。

（31）生产厂家：货物的境内生产企业。

（32）标记唛码及备注：填写货物外包装上的标记唛码（除图形以外的文字、数字）以及其他必须说明的事项。

（33）项号：产品在报关单上所有货物的排列序号。同一税则号的产品归为一个项号。

（34）商品编号：《中华人民共和国海关统计商品目录》中确定的海关统计商品编号。

（35）商品名称、规格型号：货物的中英文名称及规格型号。商品名称应当规范，规格型号应当足够详细，以能满足海关归类、审价以及监管的要求为准。

（36）数量及单位：按实际情况填写。

（37）最终目的国：货物消费、使用、或再加工的国家名称。

（38）单价：货物的成交单价。

（39）总价：同一项号下的货物成交价。

（40）币制：实际成交价格的货币符号，按海关《货币代码表》规定表示。

（41）征免：＊按海关《征免方式代码表》确定的税款计征代码。

（42）税费征收情况：＊税费征收及减免情况。

（43）录入员：预录入 EDI 报关单打印录入人员姓名。

（44）录入单位：预录入 EDI 报关单打印录入单位名称。

（45）申请单位：对申报内容的真实性直接对海关负责的企业名称。自理报关的，应填报出口货物的经营单位名称及代码；委托代理报关的，应填报经海关批准的专业或代理报关企业名称及代码。本栏目还包括报关单位地址、邮编和电话等分项目，由申报单位的报关员填报。

（46）填制日期：报关单的填写日期，按年、月、日各 2 位数填写。

（47）海关审单批注及放行一栏：海关内部作业时手工填写。

中华人民共和国海关出口货物报关单样本

中华人民共和国海关出口货物报关单

预录入编号：　　　　　　　　　　　　海关编号：

出口口岸	备案号	出口日期	申报日期	
经营单位	运输方式	运输工具名称	提运单号	
发货单位	贸易方式	征免性质	结汇方式	
许可证号	运抵国（地区）	指运港	境内货源地	
批准文号	成交方式	运费	保费	杂费
合同协议号	件数	包装种类	毛重（公斤）	净重（公斤）
集装箱号	随附单据	生产厂家		
标记唛码及备注				

项号	商品编号	商品名称、规格型号	数量及单位	最终目的国（地区）	单价	总价	币制	征免

税费征收情况		
录入员　　录入单位	兹声明以上申报无讹并承担法律责任	海关审单批注及放行日期（签章）
报关员 黎明		审单　　审价
单位地址	申报单位（签章）	征税　　统计
邮编 510050　电话	填制日期	检验　　放行

场景模拟示例

中华人民共和国海关出口货物报关单

预录入编号：　　　　海关编号：

出口口岸　黄埔	备案号	出口日期 070126	申报日期 070123
经营单位　世贸有限公司	运输方式 江海	运输工具名称 CHANGJIANG V. 30	提运单号 COS880723
发货单位　世贸有限公司	贸易方式 一般贸易	征免性质	结汇方式　L/C

许可证号	运抵国（地区）美国（纽约）	指运港　纽约	境内货源地 广州

批准文号 999123456	成交方式 CIF	运费 502/2, 200.00/3	保费 502/634.61/3	杂费 142/9, 366.26/3
合同协议号 SJ－0612	件数 150	包装种类 纸箱	毛重（公斤） 2075	净重（公斤） 2000

集装箱号 COSX663209	随附单据	生产厂家 世贸有限公司

标记唛码及备注　JASON'S TOY
SJ－0612
NEW YORK
1－150

项号	商品编号	商品名称、规格型号	数量及单位	最终目的国（地区）	单价	总价	币制	征免
1	9503.8000	电动赛车 ART. 721	1200 PCS	美国	31.66	37992.00	USD	
2		电动赛车 ART. 663	1000 PCS	美国	19.70	19700.00	USD	

税费征收情况

录入员　　录入单位	兹声明以上申报无讹并承担法律责任	海关审单批注及放行日期（签章）
报关员 李新颜 单位地址 中国广州滨海路86号 邮编 510050 电话 020－68984776	申报单位（签章） 世贸有限公司 填制日期 070123	审单　　审价 征税　　统计 检验　　放行

场景 4.4 出口保险

以 CIF 价格术语成交的合同，货物运输保险由卖方办理。海洋运输保险承保责任一般是仓至仓条款（Wherehouse to Wherehouse Clause），即保险公司的承保责任自被保险货物运离发货人仓库开始至运抵目的地收货人仓库止[32]。所以在前面我们说出口方拿到配舱回单后即开始投保，因为配舱回单上已经提供了船名、航次、提单号等保单上所需要的准确的装运信息。另外，在以信用证方式结算的情况下，银行一般不接受出单日期晚于装运日期的保单。

Step 1：了解投保程序

投保程序涉及投保单和保险单的填制以及缴纳保险费等环节。

出口商

依据合同或信用证规定用英文填写好货运投保单，并送交保险公司投保。

保险公司

审核投保单，如接受投保，出具承保回执，注明保单号码、保单日期、投保日期等。

投保人（出口商）

填制保险单， 送交保险公司确认，并缴纳保险费。

保险公司

签发保险单。该保险单即是日后议付的重要单据之一。

Step 2：填制投保单[33]

保险公司签发保险单的依据是投保单的内容。投保单的内容和填制方法如下：

（1）保险人：保险公司名称（通常保险公司事先印制好自己公司的名称）。

（2）被保险人：填写投保人，应与合同卖方或信用证受益人一致，除非信用证另有规定。

（3）保单号：由保险公司承保后填写。

[32] 关于投保的险别

在选择险别的时候，首先要选择保险条款，然后确定投保险别。我国进出口贸易多采用中国人民保险公司的“中国保险条款”（China Insurance Clause，CIC）或伦敦保险协会的“协会货物条款”（Institute Cargo Clause，ICC）。

“中国保险条款”中海运货物保险条款的险别为基本险和附加险。基本险按承保责任范围分为平安险、水渍险、一切险三种。附加险是对基本险的补充和扩展，承保由于外来风险所造成的损失，并按风险性质分为一般附加险和特殊附加险。特殊附加险不能独立投保，必须在投保三种基本险之一的基础上加保。在我国进出口业务中最常使用的险别是一切险（ALL RISKS）和战争险（WAR RISK）。其中，战争险属于特殊附加险。

伦敦保险协会的“协会货物条款”（Institute Cargo Clause，ICC），最早制定于1912 年，后经几次修改，目前使用的是 1982 年 1 月 1 日版本，共有以下六种险别：

（1）协会货物（A）险条款［ICC（A）］

（2）协会货物（B）险条款［ICC（B）］

（3）协会货物（C）险条款［ICC（C）］

（4）协会货物战争险条款（货物）（Institute War Clauses - Cargo）

（5）协会货物罢工险条款（货物）（Institute Stikes Clauses - Cargo）

（6）恶意损害险条款（Malicious Damage Clauses）

这六种险别的前三种是基本险，都可以独立投保，它们的承保范围分别类似于我国的一切险、水渍险、平安险。后三种险别为特殊附加险，但协会战争险和罢工险在需要时可以单独投保；恶意损害险已被列入 ICC（A）承保责任范围内，故只需在投保 ICC（B）或 ICC（C）时，根据需要加保。

（4）发票号、合同号、信用证号：按实际填写。

（5）标记：依据合同或信用证规定填写。

（6）包装及数量：填写货物外包装种类及件数。

（7）保险货物项目：依据合同或信用证规定填写货物名称。

（8）发票金额、加成、保险金额、费率、保险费：按合同或信用证规定的币种和发票金额及加成填写，小数点后尾数进为整数。通常情况下投保金额要按发票金额加成10%。费率和保险费按实际填写。

（9）货物起运日期：填写配舱回单上的装船日期。

（10）运输工具：填写实际运输工具名称。如采用海运，按配舱回单填写承运船名和航次。

（11）自……经……至：按合同或信用证规定填写，一般情况下只填写装运港和目的港。

（12）提单号：按配舱回单填写。

（13）赔款偿付地点：按合同或信用证规定填写，一般为货物进口国目的港。

（14）投保险别：这一项是保险单中最为重要的内容，它表示保险公司的承保责任范围，也是保险费的计算依据之一。填写时要严格依照合同或信用证规定，注明险种和相应的保险条款。

（15）其他情况：根据实际情况选择填空。

（16）投保人签字及签字日期：签字日期即为投保日期。

㉝保险单的填制放在场景主题5制单结汇中进行说明。

出口货物运输险投保单样本

PICC 中国人民保险公司 广东省分公司
The people's Insurance Company of China Guangdong Branch

运输险投保单
Application for Transportation Insurance

地址：中国广州市海珠区新港东路449号
邮编：510050
电话：020－87728260
传真：020－87728261

被保险人：
Insured's Name：________

保单号：
Policy No.
发票号：
Invoice No.
合同号：
Contract No.
信用证号：
L/C No.

兹有下列物品向中国人民保险公司投保
Insurance is required on the following commodities

标记 Marks & Nos.	包装及数量 Quantity & Packing	保险货物项目 Description of goods	发票金额 Amount Invoice
			加成 Value Plus about %
			保险金额 Amount Insured
			费率 Rate
			保险费 Premium

启运日期：
Date of Commencement ________ 装载运输工具 Per conveyance ________

自（From）________ 经（Via）________ 到（To）________

提单号：
B/L NO.：/ MAWB NO.：/ HAWB NO.：________ 赔付地点：Claims Payable at ________

承保险别：(Please Indicate The Conditions & or Special Converages:)

请如实告知下列情况（如“是”在［ ］中打√，“不是”打×）If any, please mark √ or ×

1. 货物种类：Goods：	裸装［ ］Nude Cargo	袋装［ ］Bag	散装［ ］In Bulk	冷藏［ ］Reefer	液体［ ］Liquid	危险品［ ］Dangerous Goods
2. 转运工具：Transshipment：	海轮［ ］Ship	飞机［ ］Plane	驳船［ ］Barge	火车［ ］Train	汽车［ ］Truck	邮包［ ］Parcel Post

特别提示：1. 投保人及被保险人确认对本保险单条款内容，特别是责任免除条款已经完全了解。
2. 如投保标的为旧物品，或装载于舱面或重复保险，必须特别声明。
3. 投保人同意保险人按所交保费币种赔付。

投保人签章
Applicant's Signature

中国人民保险公司广东省分公司
People's Insurance Co. of China
Guangdong Branch

投保人：________ 投保日期：________ 核保人：________ 核保日期：________

场景模拟示例

PICC 中国人民保险公司 广东省分公司
The people's Insurance Company of China Guangdong Branch

运输险投保单 Application for Transportation Insurance 被保险人： Insured's Name：SHIMAO TRADING CO., LTD. 兹有下列物品向中国人民保险公司投保 Insurance is required on the following commodities	地址：中国广州市海珠区新港东路449号 邮编：510050 电话：020－87728260 传真：020－87728261 保单号： Policy No. 发票号： Invoice No. SJ－0612－IV－023 合同号： Contract No. SJ－0612 信用证号： L/C No. SLE－0532

标记 Marks & Nos.	包装及数量 Quantity & Packing	保险货物项目 Description of goods	发票金额 Amount Invoice	USD57, 692.00
JASON'S TOY SJ－0612 NEW YORK 1－150	150 CARTONS	TELECONTROL RACING CAR ART. 721 ART. 663	加成 Value Plus about	10%
			保险金额 Amount Insured	USD 63, 461.20
			费率 Rate	1%
			保险费 Premium	634.61

启运日期：
Date of Commencement 26－JAN－07　　装载运输工具 Per conveyance s. s. CHANGJIANG V. 30

自（From） HU ANGPU　　经（Via）　　到（To） NEW YORK

提单号：
B/L NO.：/ MAWB NO.：/ HAWB NO.： COS880723　　赔付地点：Claims Payable at NEW YORK

承保险别：（Please Indicate The Conditions & or Special Converages：）
ALL RISKS AND WAR RISK
AS PER AND SUBJECT TO OCEAN MARINE CARGO
CLAUSES OF CIC DATED 01/01/1981

请如实告知下列情况（如"是"在［ ］中打√，"不是"打×）If any, please mark √ or ×

1. 货物种类：Goods：	裸装［ ］Nude Cargo	袋装［ ］Bag	散装［ ］In Bulk	冷藏［ ］Reefer	液体［ ］Liquid	危险品［ ］Dangerous Goods
2. 转运工具：Transshipment：	海轮［ ］Ship	飞机［ ］Plane	驳船［ ］Barge	火车［ ］Train	汽车［ ］Truck	邮包［ ］Parcel Post

特别提示：1. 投保人及被保险人确认对本保险单条款内容，特别是责任免除条款已经完全了解。
2. 如投保标的为旧物品，或装载于舱面或重复保险，必须特别声明。
3. 投保人同意保险人按所交保费币种赔付。

投保人签章
Applicant's Signature

中国人民保险公司广东省分公司
People's Insurance Co. of China
Guangdong Branch

投保人：李新颜　　投保日期：2007/01/18　　核保人：　　核保日期：

思考与实训 4

思考与实训 4－1

下面是一个出口装运过程中遇到的租不到船的案例，帮助大家通过分析、认识租船业务在出口装运中的意义和需要注意的一些常见问题。

案情介绍

中方 A 公司与一欧洲常年客户 B 公司以 FOB 黄埔港条件签订出口粮食 6 万公吨合同。装运期将至，B 公司来电要求延期装运，原因是租不到船。而 A 公司这时已如约备货中，考虑到合同货物数量较大，延迟装运将产生很多不利情况，故不同意推迟交货，坚持 B 公司应按期派船。几天后，B 公司再次强调租船困难，请求推迟装运期一个月。A 公司了解到 B 公司的实际困难处境，经反复研究，认为对老客户可以适当照顾，同意延期；但要求 B 公司按吨/天承担招致 A 公司的利息、仓储、保险等各项费用损失总计 168000 美元。但 B 公司就 A 公司提出的赔偿金一事表示不能接受，强调无法租到船只的原因是日本和俄罗斯等国大量运输农产品使得国际海运市场船只供应紧张，认为这属于不可抗力。但同时，B 公司又表示可以象征性支付一些赔偿。经双方几次洽商后，B 公司赔偿 A 公司损失费 80000 美元。合同继续执行。

案件思考

说一说你从本案中学到了什么？B 公司应该如何避免这样的事情发生？A 公司在本案中的处理方式方法是否妥善？

思考空间

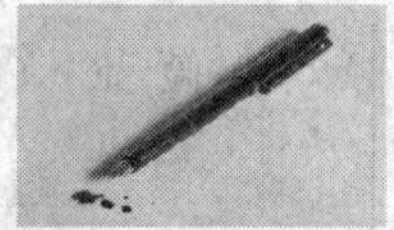

思考与实训 4－2

阅读下面这个关于进出口货物运输保险的案例，通过分析体会投保业务在进出口装运中的意义。

案情介绍

中方某公司与一英国公司按 CIF 价格条件签订了一份监测仪器的进口合同。合同金额较小，采用了简式标准格式，在保险条款处未做任何具体规定，只说明有卖方负责。买方提货时发现某部件有变形，并影响整个设备的使用。中方向英方提出索赔。英方出具出厂时商检方颁发的商品检验合格证书，说明该变形并非由于卖方原因所致。后经中方商检机构检验证明该变形是由于运输途中碰损而造成。为此，中方持保险单向保险（代理）公司要求理赔。

保险公司核查认为该部件变形属于“碰损、破碎险”承保范围，而英方保单上投保的仅仅是最低险别的“协会货物条款”，未保“碰损、破碎险”，故无法赔付。中方最后只好重新购买该部件。严重影响了工期。

案件思考

说一说本案中中方受到损失的直接原因和间接原因是什么？我们应该如何避免这样的事情发生？

思考空间

____

____

____

思考与实训 4－3

根据下面所给的出口合同、发票、箱单、配舱回单等资料缮制出口报关单（空白出口报关单见书后附录）。

出口合同：

SALES CONFIRMATION

S/C No.：FXK－06960

Date：December 26，2006

The Seller：KELUN TRADING CO.，LTD.

Address：NO. 166 BEIJINGDONG ROAD
SHANGHAI 200001，CHINA

The Buyer：Wine Time Systems Inc.

Address：152－1027 Davie St. VANCOUVER，
British Columbia，V6E 4L2，Canada

Commodity & Specifications	Unit	Quantity	Unit Price (US$)	AMOUNT (US$)
			CIF VANCOUVER	
TABLE WARE ART. A8795	SET	3650	7.56	27，594.00
			TOTAL	27，594.00
AMOUNT：SAY US DOLLARS TWENTY SEVEN THOUSAND FIVE HUNDRED AND NINETY FOUR ONLY				

PACKING：10 SETS PER CARTON，365 CARTONS TO ONE 20′CONTAINER

TERMS OF SHIPMENT：SHIPMENT IN FEBRUARY 2007 WITH PARTIAL SHIPPMENT AND TRANSHIPMENT NOT ALLOWED

PORT OF LOADING & DESTINATION：FROM SHANGHAI，CHINA TO VANCOUVER，CANADA

SHIPPING MARKS：WINE TIME/FXK－06960/VANCOUVER/1－365

PAYMENT：THE BUYER SHALL OPEN AN IRREVOCABLE L/C IN FAVOR OF THE SELLER BEFORE JANUARY 15TH，2007. THE L/C SHALL BE PAYABLE AT SIGHT FOR FULL INVOICE VALUE AND REMAIN VALID FOR NEGOTIATION IN CHINA FOR 15 DAYS AFTER SHIPMENT.

INSURANCE：TO BE COVERED BY THE SELLER FOR 110% OF TOTAL INVOICE VALUE AGAINST ALL RISKS AND WAR RISK AS PER THE OCEAN MARINE CARGO CLAUSES OF THE PEOPLE′S INSURANCE COMPANY OF CHINA，DATED JAN. 1ST，1981.

Confirmed by：

THE SELLER
KELUN TRADING CO.，LTD.
赵爽

THE BUYER
WINE TIME SYSTEMS INC.
Rhyon Caldwell

Remarks:

1. Under L/C payment terms, the Buyer shall have the covering letter of credit reach the Seller 30 days before shipment, failing which the Seller shall reserve the right to rescind without further notice, or to regard as still valid whole or any part of this contract not fulfilled by the Buyer, or to lodge a claim for losses thus sustained, if any.

2. In case of any discrepancy in quality, claim should be filed by the Buyer within 30 days after the arrival of the goods at the port of destination; while for quantity discrepancy, claim should be filed by the Buyer within 15 days after the arrival of the goods at the port of destination.

3. For transactions concluded on C. I. F. basis, it is understood that the insurance amount will be for 110% of the invoice value against the risks specified in the Sales Confirmation. In case of additional insurance amount or coverage required by the Buyer, the Seller's consent should be acquired before shipment, and the additional premium thus incurred shall be borne by the Buyer.

4. The Seller shall not be hold liable for non - delivery or delay in delivery of the whole or any part of the contracted goods by reason of natural disasters, war or other causes of Force Majeure. However, the Seller shall notify the Buyer as soon as possible and furnish the Buyer within 15 days by registered airmail with a certificate issued by the China Council for the Promotion of International Trade attesting such event (s).

5. All disputes arising out of the performance of, or relating to this contract, shall be settled through negotiation. In case no settlement can be reached through negotiation, the case shall then be submitted to China International Economic and Trade Arbitration Commission for arbitration in accordance with its arbitration rules. The arbitration shall take place in Beijing of China. The arbitral award shall be taken as final and binding upon both parties.

6. The Buyer is requested to duly sign and return one copy of this contract made in two originals, or shall be deemed as to have accepted the terms and conditions of this contract, unless any objections be raised within 2 days after receipt of them.

7. Special conditions (which shall prevail over the relevant terms printed above in case of conflict):

7. 1 It is mutually agreed that the certificate of quality/ quantity issued by China Entry and Exit Inspection and Quarantine Bureau shall be regarded as final and binding upon both parties.

商业发票

COMMERCIAL INVOICE

THE SELLER	**INVOICE NO.**	**INVOICE DATE**
KELUN TRADING CO., LTD.	FXK－06960－A8795－063	JAN. 17, 2006
NO. 166 BEIJINGDONG ROAD	**L/C NO.**	**L/C DATE**
SHANGHAI 200001, CHINA	MTC－LG－0802	JAN. 12, 2007
	L/C ISSUED BY	
	CANADIAN NATIONAL BANK	
THE BUYER	**CONTRACT NO.**	**CONTRACT DATE**
Buyer: Wine Time Systems Inc.	FXK－06960	December 26, 2006
152－1027 Davie St. VANCOUVER,	**SHIPMENT FROM**	**SHIPMENT TO**
British Columbia, V6E 4L2, Canada	SHANGHAI, CHINA	VANCOUVER, CANADA
	SHIPPED BY	**TRADE TERM**
	JULANG V. 52	CIF VANCOUVER

MARKS	**DESCRIPTION OF GOODS**	**QUANTITY**	**UNIT PRICE**	**AMOUNT**
			CIF NEW YORK IN U. S. D.	
WINE TIME FXK－06960 VANCOUVER 1－365	TABLE WARE ART. A8795	3650 SETS	7.56	27,594.00
			TOTAL	27,594.00

AMOUNT: SAY US DOLLARS TWENTY SEVEN THOUSAND FIVE HUNDRED AND NINETY FOUR ONLY

ISSSUED BY
KELUN TRADING CO., LTD.

王卫

(AUTHORIZED SIGNATURE)

装箱单

PACKING LIST

THE SELLER	INVOICE NO.	INVOICE DATE
KELUN TRADING CO. , LTD.	FXK - 06960 - A8795 - 063	JAN. 17, 2006
NO. 166 BEIJINGDONG ROAD	**CONTRACT NO.**	**CONTRACT DATE**
SHANGHAI 20001, CHINA	FXK - 06960	December 26, 2006
THE BUYER	**SHIPMENT FROM**	**SHIPMENT TO**
Buyer: Wine Time Systems Inc.	SHANGHAI, CHINA	VANCOUVER, CANADA
152 - 1027 Davie St. VANCOUVER,	**SHIPPED BY**	**TRADE TERM**
British Columbia, V6E 4L2, Canada	JULANG V. 52	CIF VANCOUVER

MARKS	GOODS & PACKING	QTY.	G. W.	N. W.	MEAS.
			OF EACH CARTON		
WINE TIME FXK - 06960 VANCOUVER 1 - 365	TABLE WARE ART. A8795 10 SETS PER CARTON 365 CARTONS IN TOTAL	3650 SETS	15 KGS	10 KGS	0.068 m^3
	TOTAL		5475 KGS	3650 KGS	24.82 m^3

ISSSUED BY

KELUN TRADING CO., LTD.

王卫

(AUTHORIZED SIGNATURE)

配舱回单

Shipper(发货人)
KELUN TRADING CO. , LTD.
NO. 166 BEIJINGDONG ROAD
SHANGHAI 20001, CHINA

D/R No . (编号)
COS908864

Consignee(收货人)
TO ORDER

配 舱 回 单

Notify Party(通知人)
Buyer: Wine Time Systems Inc.
152-1027 Davie St. VANCOUVER,
British Columbia, V6E 4L2, Canada

Pre - carriage by (前程运输)		Place of Receipt (收货地点)	
Vessel(船名) **JULANG**	Voy.No.(航次) **V.52**	Port of Loading (装货港) **SHANGHAI**	
Port of Discharge (卸货港) **VANCOUVER**		Place of Delivery(交货地点)	Final Destination for the Merchant's Reference (目的地)

Container No. (集装箱号)	Marks & Nos. (标志与号码)	Nos. Kinds of Packages (包装件数与种类)	Description of Goods (货名)	Gross Weight (kg) 毛重(公斤)	Measurements(m^3) 尺码(立方米)
COSX994386	**WINE TIME** **FXK-06960** **VANCOUVER** **1-365**	**1 CONTAINER** **365 CTNS**	**TABLE WARE ART. A8795**	**5475KGS**	**24.85m³**

Total Number of Containers Or Packages (In Words) 集装箱数或件数合计(大写)　**SAY THREE HUNDRED AND SIXTY FIVE CARTONS ONLY**

Freight & Charges (运费与附加费)		RevenueTons (运费吨)	Rate (运费率)		Per(每)	Prepaid (预付)	Collect (到付)
Ex. Rate: (兑换率)	Prepaid at(预付地点) **SHANGHAI**		Payable at (到付地点)			Place of Issue (签发地点)	
	Total Prepaid (预付总额)		No. of Original B(s)/L (正本提单份数) THREE(3)				

Service Type on Receiving CY	Service Type on Delivery CY	提单签发:
可否转船: **NOT ALLOWED**	可否分批: **NOT ALLOWED**	
装期: **22-FEB-07**	效期: **22-MAR-07**	
金额: **US$ 27594.00**		
制单日期: **12-FEB-07**		

场景主题5

制单结汇

【实训目的】

从出口商的角度讲，货物装运后，一笔国际贸易业务即将结束，最后只剩下一个环节，也是至关重要的一个环节——结汇。应该说，出口商的最终目的就是安全、及时地收汇。如果合同中规定以信用证方式支付，那么，此时出口商必须严格按照信用证的要求，整理和缮制各种单据，在信用证规定的交单期内，将全套单据递交银行办理议付结汇。本主题实训的目的就是学习按照信用证要求，正确缮制基本议付单据，以便顺利完成一笔出口业务，收回货款。

【实训内容】

实际上，单证问题非常复杂，根据每笔交易的具体情况，可能会出现很多例外的情况。而仅仅通过本书的实训，不可能对有关单证规则和例外情况有彻底的了解，它们必须在实际的业务中通过不断地积累经验，逐渐地学习和掌握。

因此，本场景主题实训的内容只是制单结汇的基本情况，包括认识结汇业务的整个流程、掌握信用证结汇的基本单据、学习根据信用证要求缮制基本单据。

场景模拟

2006年5月20日，大连安婷塑料制品有限公司与香港蓝天财产有限公司签订了进出口合同，出口一批中国娃娃到德国汉堡。香港公司于2006年6月15日开立不可撤销即期信用证。安婷公司业务员对信用证进行审核无误后，开始备货，之后办理报验、报关、投保等手续。8月25日，该批货物以金荣217次班轮运往汉堡。之后，安婷公司业务员开始按信用证要求缮制全套单据结汇。

下面给出了该批货物的出口资料及信用证，请扮演大连安婷塑料制品有限公司的业务员，按照信用证要求，正确地缮制出全套结汇单据。考虑每一种单据都有什么特殊的缮制规定？如何按照信用证要求缮制出没有不符点的单据？

场景5.2中提供了各种基本单据的详细缮制说明，并以此场景模拟为例，提供了每一种单据的实务缮制范本。

场景模拟资料

INVOICE NO. BTU06002 DATE：06－08－20

UNITE PRICE：USD25.00 PER PC CIF HAMBURG

QUANTITY：3500PCS PACKED IN CARTONS OF 5PCS EACH

TOTAL GROSS WEIGHT：1,400.00KGS（2KGS PER CTN）

TOTAL NET WEIGHT：1,050.00KGS（1.5KGS PER CTN）

TOTAL MEASUREMENT：100.1CBM（65×55×40cm）

B/L NO. HU3008

VESSEL：JINRONG V.217

ON BOARD DATE：06－08－25

CONTAINER NO. AND SEAL NO.：

COS03782341/836293 40'FCL CY/CY

COS07389208/399380 40'FCL CY/CY

SHIPPING MARS：

DRAGON TOY

HAMBURG

CTN.1－700

MADE IN CHINA

信用证

MT700	ISSUE OF A DOCUMENTARY CREDIT	
APPLICANTION HEADER：	HAMBURGISCHE LANDEBANK GZ, HONGKONG BRANCH	
SEQUENCE OF TOTAL：	*27：	1/1
FORM OF DOC. CREDIT	*40A：	IRREVOCABLE
DOC. CREDIT NUMBER	*20：	NY105
DATE OF ISSUE	31C：	060615
EXPIRY	*31D：	DATE 060930 PLACE IN CHINA
APPLICANT	*50：	BLUE SKY HOLDINGS LTD. HONGKONG RM.1006, CRE CENTRE, NO. 889 CHEUNG SHA WAN ROAD, KOWLOON, HONGKONG
BENEFICIARY	*59：	ANTING PLASTIC PRODUCTS CO., LTD. DALIAN, CHINA
AMOUNT	*32B：	CURRENCY USD AMOUNT 87,500.00
AVAILABLE WITH/BY	*41D：	ANY BANK FREELY BY NEGOTIATION
DRAFTS AT...	42C：	AT SIGHT FOR FULL INVOICE VALUE QUOTING NO. AND DATE OF THIS DC AND THE NAME OF DC ISSING BANK

DRAWEE	42A:	HAMBURGISCHE LANDESBANK GZ, HONGKONG BRANCH
PARTIAL SHIPMENTS	43P:	ALLOWED
TRANSHIPMENT	43T:	ALLOWED
LAODING IN CHARGE	44A:	DALIAN, CHINA
FOR TRANSPORT TO…	44B:	HAMBURG
LATEST DATE OF SHP.	44C:	060828
DESCRIPT. OF GOODS	45A:	TOYS DETAILS AS PER ORDER NO. P01009 CIF HAMBURG

DOCUMENTS REQUIRED 46A:

* SIGNED COMMERCIAL INVOICE IN ONE ORIGINAL AND THREE COPOES
* SIGNED PACKING LIST IN ONE ORIGINAL AND THREE COPIES
* FULL SET (3/3) OF ORIGINAL CLEAN ON BOARD MARINE BILLS OF LADING MADE OUT TO ORDER AND BLANK ENDORSED MARKED "FREIGHT COLLECT" AND NOTIFY APPLICANT WITH FULL ADDRESS
* ORIGINAL GSP CERTIFICATE OF ORIGIN FORM A CONSIGNED TO DRAGON TOY CO., LTD. WERKSTR. 2 - 4 HANBURG GERMANY
* INSURANCE POLICY/CERTIFICATE FOR FULL CIF VALUE PLUS 10% ENDORSED IN BLANK STIPULATING CLAIMS PAYABLE IN DALIAN IN CURRENCY OF THE DRAFT COVERING ALL RISKS AND WAR RISKS AS PER OCEAN MARINE CARGO CLAUSES (1/1/1981) OF THE PEOPLE'S INSURANCE COMPANY OF CHINA
* BENEFICIARY'S STATEMENT SHOWING THE BILL OF LADING NO., CONTAINER NO. AND SEAL NO. AND STATING THE GOODS UNDER THIS BILL OF LADING NO. ARE IN GOOD ORDER AND CONDITION
* BENEFICIARY'S CERTIFICATE CERTIFYING THAT ONE COPY OF INVOICE AND NON - NEGOTIABLE SHIPPING DOCUMENTS HAVE BEEN SENT TO APPLICANT BY COURIER WITHIN 7DAYS AFTER SHIPMENT AND THE RELATIVE COURIER RECEIPT MUST BE PRESENTED FOR NEGOTIATION

ADDITIONAL COND. 47A:

1. ALL DOCUMENTS INCLUDING DRAFT MUST BE ISSUED IN ENGLISH
2. ALL ORIGINAL DOCUMENTS CALLED FOR UNDER THIS CREDIT MUST BE CLEARLY MARKED ORIGINAL ON THEIR FACE
3. INSURANCE TO BE COVERED BY BUYER
4. THE PROCESSING OF DOCUMENTTS WHICH DONOT COMPLY WITH THE TERMS AND CONDITIONS OF THIS CREDIT ARE SUBJECT TO A SPECIAL DISCREPANT HANDLING FEE IN USD 50.00 OR EQUIV. WHICH WILL BE DEDUCTED FROM ANY PROCEEDS
5. THIS DC NO. MUST BE ONLY SHOWN ON DRAFT AND INVOICE

6. FORWARDER B/L IS ACCEPTABLE		
DETAILS OF CHARGES	71B:	ALL BANKING CHARGES OUTSIDE HONG-KONG ARE FOR ACCOUNT OF BENEFICIARY
CONFIRMATION	*49:	WITHOUT
INSTRCTIONS	78:	EACH DRAWING MUST BE ENDORSED ON THE REVERSE BY PRESENTING/NEGOTIATING BANK ALL DOCUMENTS MUST BE FORWARDED TO US IN ONE LOT WE WILL REMIT THE PROCEEDS IN ACCORDANCE WITH YOUR INSTRCTIONS AT BENEFICIARY'S EXPENSES AFTER RECEIPT OF THE RELATIVE DUMENTS IN ORDER
SEND. TO REC. INFO.	72:	SUBJUECT TO U. C. P. (1993 REVISION) I. C. C. PUBLICATION NO. 500 THIS IS THE OPERATIVE INSTRUMENT, NO MAIL CONFIRMATION WILL FOLLOW

场景 5.1 结汇业务流程

国际结算有三种基本方式：汇付、托收、信用证，其中流程最为复杂的就是信用证。在本场景中，主要熟悉信用证业务流程。

在场景主题 3 中，我们实践了信用证业务流程的初步环节，现在，我们继续实践其余的环节，以完成全部的信用证业务流程。在这个过程中，除了场景主题 3 中介绍的 4 个主要当事人外，还派生出其他一些当事人。

Step 1：了解信用证业务派生的其他一些当事人

议付行（Negotiating Bank）[34]
付款行（Paying Bank）[35]
保兑行（Confirming Bank）[36]
偿付行（Reimbursing Bank）[37]

Step 2：信用证业务（基本）流程

在场景主题 3 中，我们已经完成了开立信用证的流程，因此，这里我们从“发货”开始接续信用证的业务流程（见图 5－1）。

[34]议付行可以是通知行，也可以是受益人选择的其他往来银行。

[35]信用证中指定了付款行，通常是开证行本身或其指定银行。

[36]保兑行并非信用证业务必须的角色，只有受益人无法确信开证行的资信和实力，而要求另一家声誉卓著的银行充当保兑行，以便为付款提供进一步保障。

[37]如果信用证特别载明议付行于议付之后可向另一家银行求偿，该另一家银行就称为偿付行。换言之，偿付行代理开证行承担付款责任，并受理议付银行之求偿，偿付行通常是开证行的存款银行或约定的垫款银行。

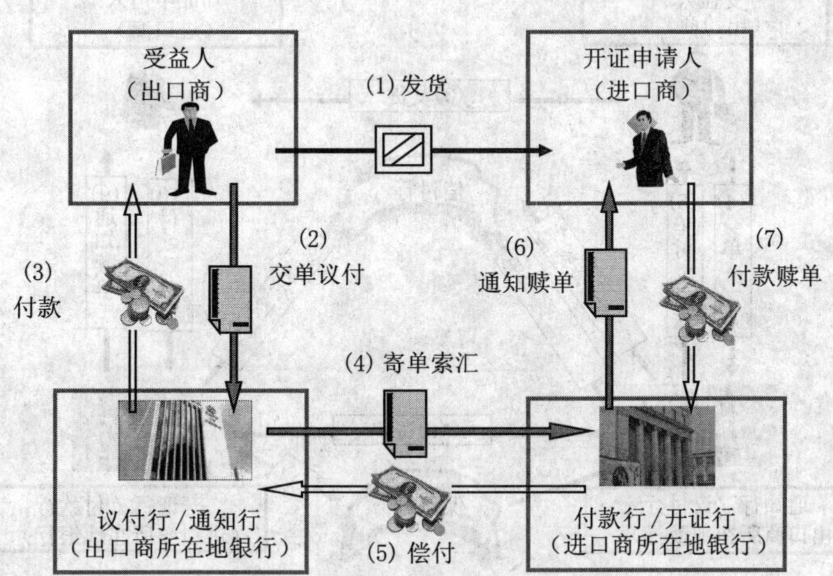

图5-1　信用证业务（基本）流程

出口商/受益人

（1）出口商装运货物，从船运公司/代理取得提单。

（2）准备一整套单证，交议付行议付。

议付行

（3）对整套单据进行审核，确保单证符合信用证的各种规定后，向受益人付款。

（4）通过航空邮件或快件将整套单证交给开证行。

开证行

（5）对整套单证进行审核，确保单证符合信用证的各种规定后，向议付行付款。

（6）通知进口商单证已到。

进口商/开证申请人

（7）对整套单证进行审核，确保单证符合信用证的各种规定后，向开证行付款赎单。进口商收到单证后提货。

 Step 3：信用证业务（复杂）流程

在了解信用证使用基本情况的基础上，我们加入保兑行和偿付行来说明更为复杂的信用证流程（见图5-2）。

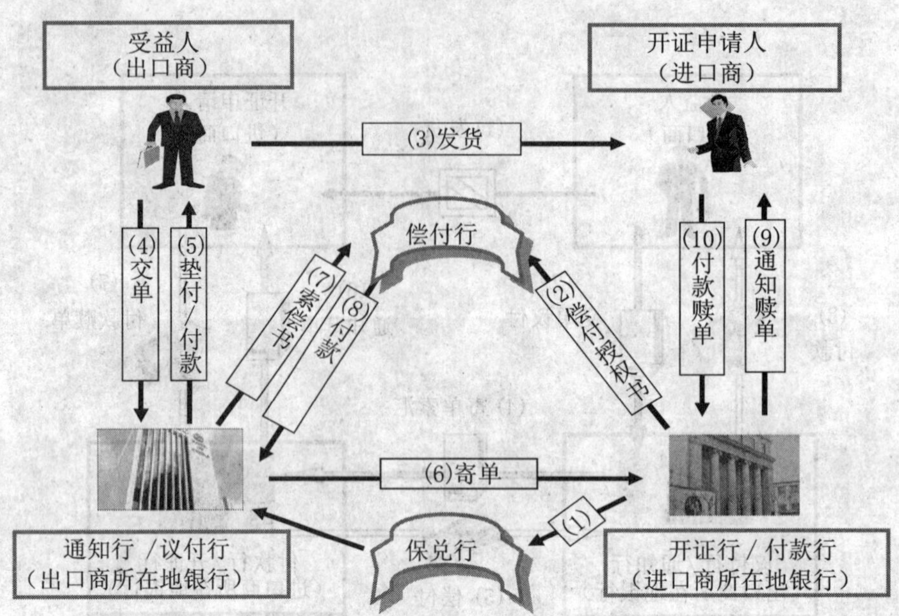

图 5－2 信用证业务（复杂）流程

保兑行

（1）开立信用证时，列明保兑行。

开证行

（2）开出信用证后，立即向偿付行发出偿付授权书。

出口商/受益人

（3）出口商装运货物，从船运公司/代理取得提单。
（4）准备一整套单证，交议付行议付。

议付行

（5）对整套单据进行审核，确保单证符合信用证的各种规定后，向受益人付款。
（6）通过航空邮件或快件将整套单证交给开证行。
（7）议付行在寄单给开证行的同时，向偿付行发出索偿书。

偿付行

（8）收到索偿书后，根据索偿书的指示，向议付行付款。

开证行

（9）对整套单证进行审核，确保单证符合信用证的各种规定后，通知进口商单证已到。

进口商/开证申请人

（10）对整套单证进行审核，确保单证符合信用证的各种规定后，向开证行付款赎单。进口商收到单证后提货。

特别说明

为确保信用证业务的顺利进行，在使用信用证的过程中必须坚持两大原则：

- 信用证独立原则[38]
- 纯单据业务的严格相符原则[39]

关于信用证业务的许多纠纷都与以上两大原则有关，在本场景主题的“思考与实践”部分，将提供两个真实的案例供大家思考及借鉴。

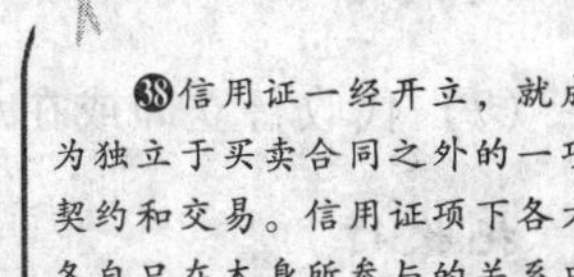

[38]信用证一经开立，就成为独立于买卖合同之外的一项契约和交易。信用证项下各方各自只在本身所参与的关系中享受权利并承担义务，只受信用证本身约束。

[39]信用证结算方式是纯单据业务，银行处理的是单据，而不是单据所代表的货物。银行承诺付款的条件是出口商必须提交单单相符、单证相符的合格单据。

Step 4：认识其他非信用结汇的流程

一项交易各当事人之间的关系决定着单证的复杂性。彼此非常了解的当事人，更有可能以其他的方式进行交易。这样，就可以免去信用证下各种与银行有关的程序，所要求的单据也就更基本、更简单。

跟单托收的结汇流程

在信用证业务中，开证行承担第一性付款责任，只要出口商做到了“单证相符”，开证行就必须履行付款责任，因此，信用证下有很多繁琐的银行程序。

但是，托收建立在商业信用之上，银行只是提供金融服务，不负责审核单据，也没有必须付款的责任和收妥货款的义务。所以，托收的手续要简单得多。

在实际托收业务中，跟单托收使用得最为普遍。在这种方式下，出口商制单和向银行交单的方式与跟单信用证非常相似。

跟单托收的结汇流程见图 5－3。

出口商和进口商

（1）买卖双方签订合同，其中规定以托收作为付款方式。

出口商/委托人

（2）出口商装运货物，从船运公司/代理取得提单。

（3）准备一整套单证交托收行。整套单证中包括：

a. 托收指示，包括托收行向进口商交单和收取货款的各项条款；b. 提单；c. 进口商要求的其他单证。

托收行

（4）通过航空邮件或快件将整套单证交给指定的代收行，并附上说明要求代收行将单证交给受票人收款。

代收行

（5）审核单证，确保单证符合托收指示的规定。随后将托收指示的有关条款通知受票人，在符合付款条件的情况下交单。

进口商/受票人

(6) 支付现款或对汇票进行承兑，取得单据并提货。

代收行

(7) 代收行立即或在承兑汇票到期时向托收行付款。

托收行

(8) 向委托人付款。

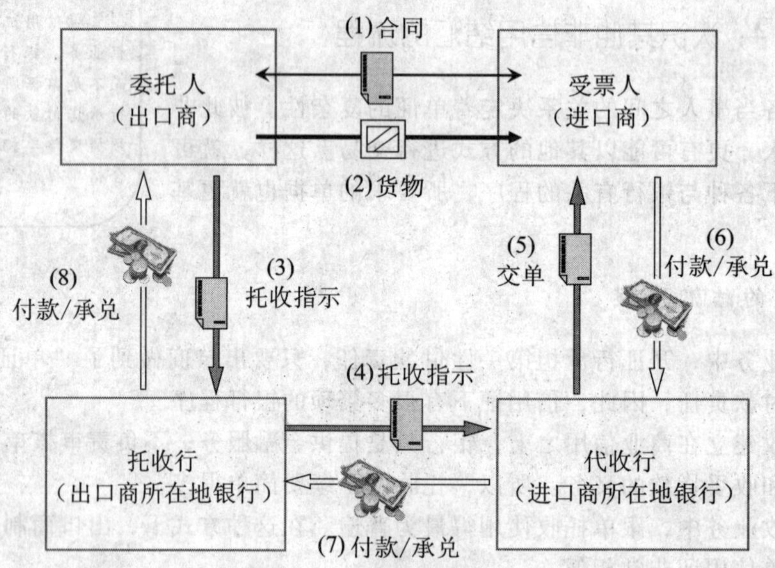

图5-3 跟单托收结汇流程

汇付的结汇流程

汇付方式的结汇程序最简单，收款迅速，但风险也最大。汇付分为电汇、信汇和票汇三种形式，我们介绍采用得最多的电汇结汇流程（见图5-4）。

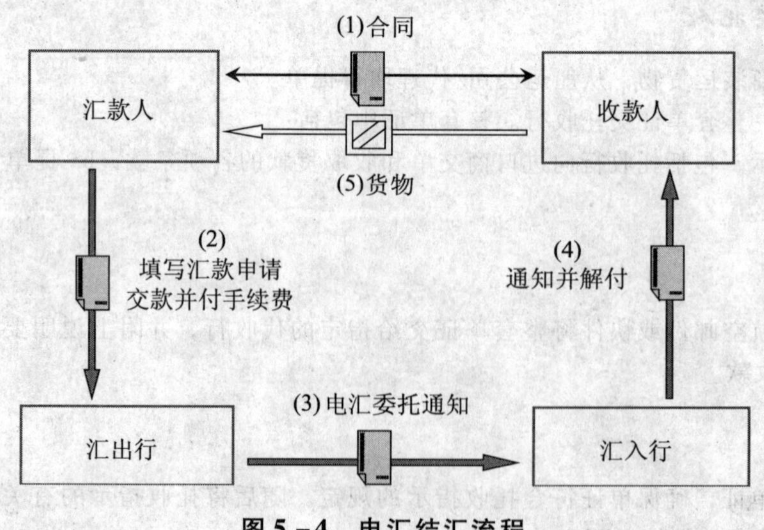

图5-4 电汇结汇流程

进出口商签订合同以电汇方式支付货款后，汇款人将款项交汇出行，委托汇出行用电传（Telex）或 SWIFT 等电信方式通知汇入行解付一定金额给指定受款人。受款人收到汇款后，即发货给汇款人，以完成交易。还有一种情况，即受款人先发货给汇款人，汇款人收到货物后再办理汇款。

场景 5.2　缮制信用证结汇单据

在本场景中，将实践根据信用证的要求，缮制结汇的基本单据。下表列出了信用证结汇的基本单据，我们将依次详细说明各种单据的缮制方法。

基本出口单证		
序号	单证	英文
1	汇票	DRAFT/BILL OF EXCHANGE
2	商业发票	COMMERCIAL INVOICE
3	装箱单	PACKING LIST
4	海运提单/空运单	BILL OF LADING/AIRWAY BILL
增加的基本出口单证		
序号	单证	英文
5	产地证	CERTIFICATE OF ORIGIN
6	保险单	INSURANCE POLICY

基本单据 1：汇票[40]的缮制说明

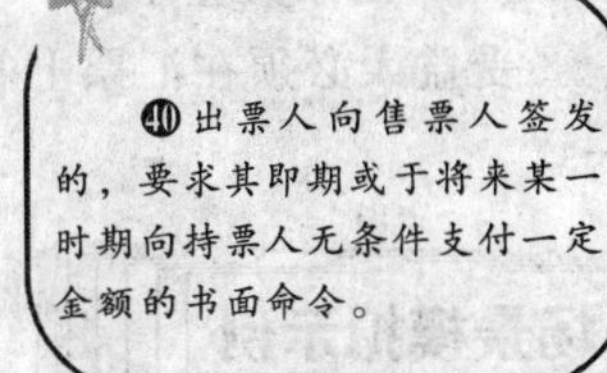
[40]出票人向售票人签发的，要求其即期或于将来某一时期向持票人无条件支付一定金额的书面命令。

汇票的印制并无统一的格式，但其内容应该包括以下各项，现就附样介绍其缮制方法。

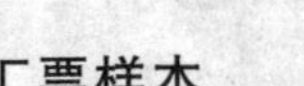
汇票样本

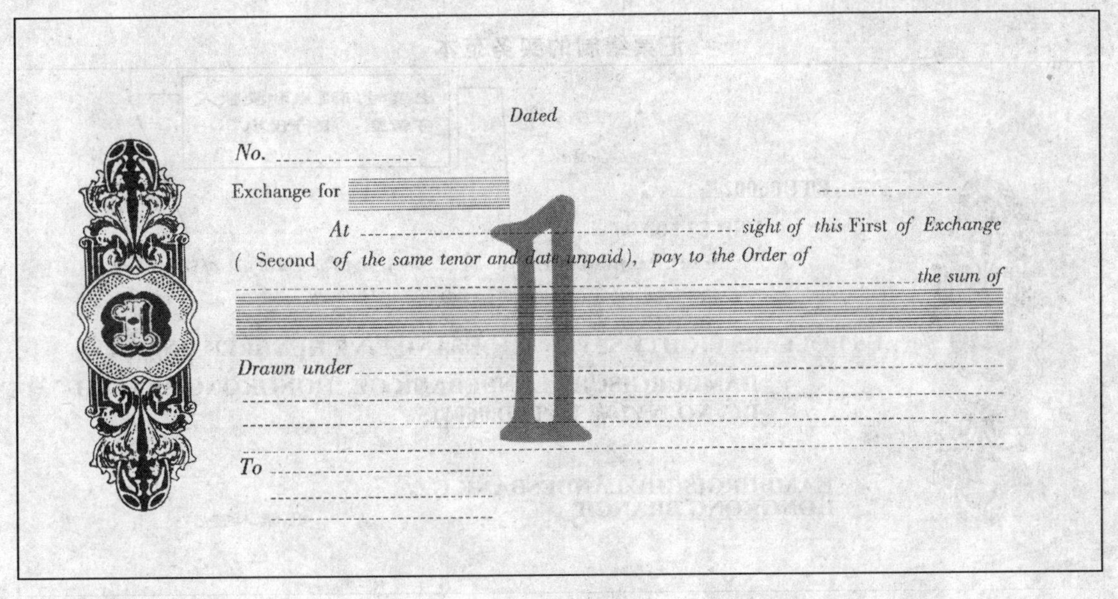
Dated

No. ....

Exchange for

At .... sight of this First of Exchange

(Second of the same tenor and date unpaid), pay to the Order of

.... the sum of

Drawn under ....

To ....

（1）汇票编号

即商业发票的号码。

（2）出票地点和日期

出票地点一般为议付行所在地；出票日期一般为议付日期，实际业务中可留空由银行代为填写。

（3）汇票小写金额

（4）付款期限

主要有两种：即期和远期。即期付款条件下，应在“At”与“sight”之间空白处以虚线（或“*”，或“×”号）连接。远期付款方式有三种：见票后定期付款，表示为“At ×× days after sight”；出票日后定期付款，表示为“At×× days after date”；定日支付，例如要求以提单日后第××天到期付款，则表示为“At×× days after B/L date”。

（5）受款人

一般以议付行指示性抬头为汇票受款人，即“Pay to the order of×××Bank”。

（6）汇票大写金额

（7）出票条款

出票条款是签发汇票的根据。通常包括三项内容，即开证行名称、信用证编号和开证日期。信用证如对出票条款有具体规定，应按其填写。如信用证未规定出票条款，可在汇票上注明以上三项内容。

（8）付款人

通常以开证行或其指定银行为付款人，不应以申请人为汇票的付款人。如果信用证未规定付款人名称，汇票付款人亦应填写开证行名称。

（9）出票人签字

受益人必须在汇票上签章才能生效，其签章必须与其出具的商业发票等其他单据的签章一致。

场景模拟示例

汇票缮制的实务范本

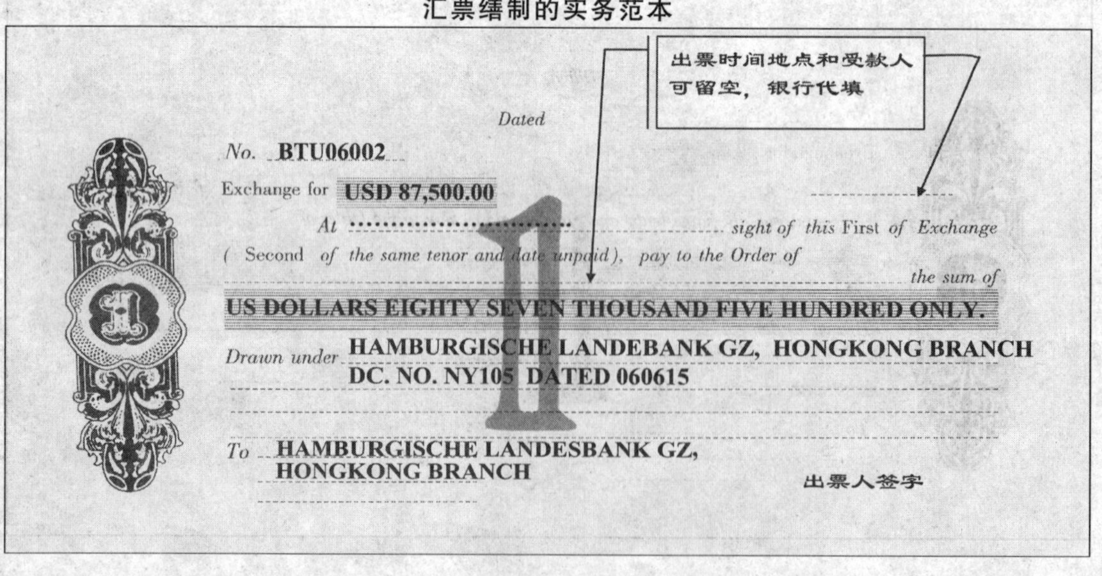

No. BTU06002

Dated

Exchange for USD 87,500.00

At .... sight of this First of Exchange

(Second of the same tenor and date unpaid), pay to the Order of

the sum of

US DOLLARS EIGHTY SEVEN THOUSAND FIVE HUNDRED ONLY.

Drawn under HAMBURGISCHE LANDEBANK GZ, HONGKONG BRANCH

DC. NO. NY105 DATED 060615

To HAMBURGISCHE LANDESBANK GZ,

HONGKONG BRANCH

基本单据 2：商业发票[41]的缮制说明

商业发票也并无统一固定的格式，只要其内容符合有关规定即可。

[41]商业发票在国际贸易中通常简称发票（Invoice），是出口单据中的核心单据，是出口商向进口商开立的发货价目清单。它既是进出口双方交接货物和结算货款的凭证，也是装运货物的总说明。

商业发票样本

ANTING PLASTIC PRODUCTS CO., LTD.

商 业 发 票

COMMERCIAL INVOICE

发票编号：
Invoice No. ………………………………　　日期：Date ………………………

售与：
Sold to Messers ____________________

承运船名：
Shipped per S,S By steamer　　自 From ………………………………

至
To ………………………………………………………

Marks & Nos	Quantities & Descriptions	Amount

ANTING PLASTIC PRODUCTS CO., LTD.

____

SIGNATURE

(1) 受益人名址

位于发票正上方，必须与信用证受益人严格一致。

(2) 发票号码与日期

发票编号是整套单据的中心编号，其编制规则原则上应方便统计与核查。

发票日期一般都是在装运之前，不能晚于汇票日期和信用证的交单议付日期。

(3) 买方名址

必须与信用证申请人严格一致，除非信用证另有规定。

(4) 运输工具及航线

填写运输工具或方式，以及运输工具的名称；运输航线要严格与信用证一致。如果在中途转运，在信用证允许的条件下，应表示转运及其地点。

(5) 唛头

即运输标志。要与实际货物一致，还应单单一致、单证一致。如果没有唛头，记为“N/M”。

(6) 货物描述

货物描述一栏应与信用证中有关货物描述的内容保持完全一致。如果信用证中商品名称存在笔误，可以修改信用证，或者将错就错，在制作发票时在错误的品名后加注正确名称。如果商品名称以英语以外的第三国文字表述，则也应严格按信用证文字照抄。

(7) 数量

发票使用的数量、重量单位应与信用证保持一致。以件数计算价格的商品，发票只需列出件数和包装条件，但以重量计价的商品必须列明重量。如果是散装，注明“IN BULK”。

信用证中数量如果用的是约数，在发票金额不超过信用证总金额的前提下，数量可增减10%。

(8) 价格与金额

国际贸易价格由四部分组成：计价单位、单价、货币名称、价格术语。这些都必须完全与信用证规定一致。

发票总金额不得超过信用证规定的总金额，发票是否扣佣金也必须按信用证规定办理。

(9) 自由处理区

位于发票格式的下方，用于表达其他栏目不能表达的内容。如要求在发票上注明生产厂家名称、信用证号、合同号、许可证号等其他文件的参考号、对发票内容的正确性和证实性的声明以及货物原产地声明等，对此应予以照办。

(10) 受益人签章

根据UCP500第37条规定，发票可无须签字。但如果信用证规定“Signed Invoice”则必须签字，目前我国许多外贸公司的做法是加盖带有公司名称的手签章。如果规定“Manually Signed”等类似要求，则必须手签。

特别说明

信用证对某一种单证要求多份单据时，可提交一份正本，其余以副本来满足。在正本单据上应注明“ORIGINAL”（正本）字样。如果需要数份“正本”单据，则用复印机或计算机打印的文件，甚至复写的文件，只要加盖有关印章，并加有“ORIGINAL”字样就可以成为“正本”。

场景模拟示例

商业发票缮制的实务范本

ANTING PLASTIC PRODUCTS CO., LTD.

商 业 发 票

COMMERCIAL INVOICE

发票编号： BTU06002 日期： AUG.20,2006

Invoice No. ……………………………… **Date** ………………………

售与： BLUE SKY HOLDINGS LTD. HONGKONG

Sold to Messers RM.1006,CRE CENTRE, NO. 889 CHEUNG SHA WAN ROAD, KOWLOON, HONGKONG

承运船名： JINRONG V.217 自 DALIAN, CHINA

Shipped per S,S By steamer **From** ………………………………

至 HAMBURG

To ……………………………………………………

Marks & Nos	Quantities & Descriptions		Amount
	700CTNS. ……………….3,500PCS		CIF HAMBURG
DRAGON TOY HAMBURG CTN.1-700 MADE IN CHINA	 TOYS DETAILS AS PER ORDER NO.P01009		
	Q/TY	UNIT PRICE	
	3,500PCS	USD25.00 PER PC …………………	USD 87,500.00
	DC NO.NY105		

ANTING PLASTIC PRODUCTS CO., LTD.

SIGNATURE

基本单据 3：装箱单的缮制说明

装箱单记载了货物的包装情况、重量、体积、件数或规格等内容，一般不记载货物的单价和总价。装箱单并没有统一固定的格式，制单时可以根据信用证要求和货物特点自行设计。

通常，当货物的包装、重量和尺码较为繁杂时，进口商一般不在信用证中详细叙述。因此，缮制装箱单时需要以合同、备货单、出货单等资料为依据。

由于装箱单的缮制比较简单，只需按照装箱情况详细列明商品包装的具体情况即可，其他项目内容的填写与发票相同，不再赘述。

装箱单样本

ANTING PLASTIC PRODUCTS CO., LTD.

装　箱　单

PACKING LIST

MARKS & NOS AS PER INVOICE NO. **DATE:**

ANTING PLASTIC PRODUCTS CO., LTD.

____

SIGNATURE

场景模拟示例

装箱单缮制的实务范本

ANTING PLASTIC PRODUCTS CO., LTD.

装　箱　单

PACKING　LIST

MARKS & NOS AS PER **DATE:** AUG.20,2006

INVOICE NO. BTU06002

700CTNS. ……………….3,500PCS

TOYS

DETAILS AS PER ORDER NO.P01009

TOTAL Q'TY: 700CTNS / 3,500PCS

TOTAL GROSS WEIGHT: @ 2.00 / 1400.00KGS

TOTAL NET WEIGHT: @ 1.50 / 1050.00KGS

TOTAL MEASUREMENT: @ 65×55×40CM / 100.10CBM

ANTING PLASTIC PRODUCTS CO., LTD.

____

SIGNATURE

特别说明

有时信用证还要求出具重量单（WEIGHT LIST）、尺码单（MEASUREMENG LIST）等包装单据。制单内容大致相同，其中重量单侧中说明货物的重量情况，而尺码单的重点则是描述货物的体积。

基本单据 4：提单⑫的缮制说明

⑫重要的运输单证。提单是由承运人（如船运公司或航空公司）向托运人（出口商或卖方）出具的，由船长、代理或船东等签署的证明已收妥货物，列明有关运输条件并承诺在指定目的港将货物交给提单合法持有人的书面文件。因此，提单既是货物的收据，又是运输合同。

以下将分别说明海运提单和航空运单的缮制方法。

➢ 海运提单的缮制说明

不同船公司设计的提单格式不尽相同，但内容基本相同：

(1) Shipper

托运人。一般填写信用证受益人的名称，如果信用证受益人并未规定地址，此处也可以不加注地址。并且，只要信用证没有规定不允许以第三者为托运人时，可以填受益人以外的第三者为托运人。

(2) Consignee

收货人。本栏主要有以下三种填制方式，具体如何填制，应该严格按信用证规定。

①记名式。具体填写某人或某企业的具体名称，这种提单较少使用。

②不记名式。本栏留空不填或仅填入“TO BEARER”（给持有者）。这种提单因风险较大，也很少使用。

③指示式。本栏填写“TO ORDER”（凭指定）或“TO ORDER OF ×××”（凭×××指定）。这种提单使用最普遍。注意，如果是“TO ORDER”或者“TO ORDER OF SHIPPER”，则托运人必须在提单背面签字盖章进行背书，以示转让物权。

(3) Notify Party

通知方。严格按信用证要求缮制。如果信用证没有规定，可将开证申请人作为通知方。

(4) Pre - carriage by

第一程船的船名。如果货物转运，则填写第一程船的船名；如无须转运，则空白不填。

(5) Place of Receipt

收货地点。如果货物转运，则填写收货的港口名称或地点；如无须转运，则空白不填。

(6) Ocean Vessel Voy. No.

船名及航次。填写该批货物实际装运的船名和航次号。如须转运，则填写二程船的船名和航次号。

(7) Port of Loading

装货港。该批货物实际的起运港名称。需转运的货物，则填写中转港口的名称。

(8) Port of Discharge

卸货港。填写目的港的名称。

(9) Place of Delivery

最终目的地。非转运货物无须填写。

(10) 大写合计件数

(11) 提单中部主体部分的说明

①Marks & Nos. /Container/Seal No.

唛头和集装箱箱封号。箱封号打印在此栏靠下的部位。

②No. of Containers of Packages

包装件数。对于包装货物，本栏应注包装数量和单位，例如 1000bales；如是散装货，此栏应加 In bulk，数量无须加大写；如是裸装货物，应加件数，如一台机器或一辆汽车等，填 1 Unit。

③Description of goods

按信用证或发票品名填写。如发票品名过多或过细，提单可打总称，但总称不能与发票品名相矛盾。

④Gross Weight

⑤Measurement

⑥运费及其他声明

在（10）大写合计件数上方的空白处按信用证规定填写运费条款，如果未作具体规定，则按价格条款而定，CIF 和 CFR 等价格条款下，应填写“FREIGHT PREPAID”（运费预付）或“FREIGHT PAID”（运费付讫）；FOB 和 FAS 等价格条款下，应填写“FREIGHT COLLECT”（运费待付）或“FREIGHT PAYABLE AT DESTINATION”（运费在目的港付）。

如果提单没有印就“已装船”字样，则在此处填写“SHIPPED ON BOARD”；此外，信用证要求的一些声明语句也可加在此处。

（12）Place and date of issue

签单地点和日期。签发提单的地点应与装货港一致。其日期可视为装运日，所以提单签发日期不能晚于信用证规定的装运期。

（13）No. of Original B（s）/L

正本提单份数。正本提单签发的份数按信用证规定份数填写，一般是 THREE（3 份）。此外，正本提单必须在其正面注有“ORIGINAL”字样。

（14）Signed for the Carrier

承运人或其代理人签字。承运人，即提单上印就的船公司名称，该名称要与信用证上的要求相符。任何一种运输单据必须由承运人或其代理人签章才能生效，而且签章必须表明身份，如果是承运人，则加注“AS CARRIER”；如果是承运人的代理人签发提单时，必须加注“AS AGENTS FOR THE CARRIER × × ×”。

海运提单样本

1.Shipper		许可证号JTL0008 B/L No.
2.Consignee		中远集装箱运输有限公司 COSCO CONTAINER LINES TLX:33057 COSCO CN FAX:+86(021) 6545 8984 ORIGINAL Port-to-Port or Combined Transport BILL OF LADING
3.Notify Party		**RECEIVED** in external apparent good order and condition except as otherwise noted. The total number of packages or units stuffed in the container, the description of the goods and the weights shown in this Bill of Lading are furnished by the Merchants, and which the carrier has no resonable means of checking and is not a part of this Bill of Lading contract.The carrier has issued the number of Bills of Lading stated below, all of this tenor and date one of the original Bills of Lading must be surrendered and endorsed or signed against the delivery of the shipment and whereupon any other original Bills of Lading shall be void. The Merchants agree to be bound by the terms and conditions of this Bill of Lading as if each had personally signed this Bill of Lading. SEE clause 4 on the back of this Bill of Lading (Terms continued on the back hereof, please read carefully) *Applicable only when Document Used as Combined Transport Bill of Lading
4.Combined Transport* Pre-carriage by	5.Combined Transport* Place of Receipt	
6.Ocean Vessel Voy.No.	7.Port of Loading	
8.Port of Discharge	9.Place of Delivery	

Marks & Nos. Container/Seal No.	No. of Containers of Packages	Description of Goods (If dangerous Goods,See Clause 20)	Gross Weight kgs	Measurement
		Description of Contents for Shipper's use only(Not part of This B/L Contract)		

10.Total Number of Containers and/or packages (in words)
Subject to Clause 7 Limitation

11.Freight & Charge	Revenue Tons	Rate	Per	Prepaid	Collect

Ex. Rate:	Prepaid at	Payable at	Place and date of issue
	Total Prepaid	No.of Original B(S)/L	Signed for the Carrier,COSCO CONTAINER LINES

LADEN ON BOARD THE VESSEL
DATE BY
(COSCO STANDARD FORM 9803)

场景模拟示例

海运提单缮制的实务范本

1.Shipper
ANTING PLASTIC PRODUCTS CO., LTD.
DALIAN, CHINA

许可证号JTL0008

B/L NO. HU3008

2.Consignee
TO ORDER

中远集装箱运输有限公司
COSCO CONTAINER LINES

TLX:33057 COSCO CN
FAX:+86(021) 6545 8984 **ORIGINAL**

Port-to-Port or Combined Transport
BILL OF LADING

3.Notify Party
BLUE SKY HOLDINGS LTD. HONGKONG
RM. 1006,CRE CENTRE, NO. 889
CHEUNG SHA WAN ROAD,
KOWLOON, HONGKONG

RECEIVED in external apparent good order and condition except as otherwise noted. The total number of packages or units stuffed in the container, the description of the goods and the weights shown in this Bill of Lading are furnished by the Merchants, and which the carrier has no resonable means of checking and is not a part of this Bill of Lading contract.The carrier has issued the number of Bills of Lading stated below, all of this tenor and date one of the original Bills of Lading must be surrendered and endorsed or signed against the delivery of the shipment and whereupon any other original Bills of Lading shall be void. The Merchants agree to be bound by the terms and conditions of this Bill of Lading as if each had personally signed this Bill of Lading.

SEE clause 4 on the back of this Bill of Lading (Terms continued on the back hereof, please read carefully)

*Applicable only when Document Used as Combined Transport Bill of Lading

4.Combined Transport* Pre-carriage by	**5.Combined Transport* Place of Receipt**
6.Ocean Vessel Voy.No. JINRONG V.217	**7.Port of Loading** DALIAN, CHINA
8.Port of Discharge HAMBURG	**9.Place of Delivery**

Marks & Nos. Container/Seal No.	No. of Containers of Packages	Description of Goods (If dangerous Goods,See Clause 20)	Gross Weight kgs	Measurement
DRAGON TOY HAMBURG CTN.1-700 MADE IN CHINA	700 CTNS	TOYS	1400.00KGS	100.10M3
		FREIGHT COLLECT	SHIPPED ON BOARD	
COS03782341 / 836293 40'FCL CY/CY COS07389208 / 399380 40'FCL CY/CY				

Description of Contents for Shipper's use only(Not part of This B/L Contract)

10.Total Number of Containers and/or packages (in words)
Subject to Clause 7 Limitation SAY: SEVEN HUNDRED CARTONS ONLY.*

11.Freight & Charge	Revenue Tons	Rate	Per	Prepaid	Collect

Ex. Rate:	**Prepaid at**	**Payable at**	**Place and date of issue** DALIAN AUG.25,2006
	Total Prepaid	**No.of Original B(S)/L** THREE	**Signed for the Carrier,COSCO CONTAINER LINES**

LADEN ON BOARD THE VESSEL
DATE AUG.25,2006 **BY**
(COSCO STANDARD FORM 9803)

中国外轮代理公司大连分公司
CHIINA OCEAN SHIPPING AGENCY,DALIAN BRANCH
X X X
FOR THE CARRIER NAMED ABOVE

中国外轮代理公司大连分公司
CHIINA OCEAN SHIPPING AGENCY,DALIAN BRANCH
X X X
FOR THE CARRIER NAMED ABOVE

➢ 航空运单㊸的缮制说明

航空运单中需要发货人提供的相应资料包括：

（1） Shipper's Name and Address

发货人名址。发货人账号一般可不填。

（2） Consignee's Name and Address

在信用证付款方式下，空运单据不能要求运单的抬头为指示式的，应该指定一个收货人。收货人账号一般可不填。

（3） Airport of Departure and Requested Routing

起航机场和指定航线。一般仅填写起航机场的名称即可。

（4） Flight/Date

航班/日期。本栏填写的航班号及起飞日期仅供承运人使用，因而该起飞日期不能视为货物的装运日期，一般以航空运单的签发日期作为装运日期。

（5） Handing Information

可利用本栏填写所需要注明的内容。

（6） No. of Pieces

正确填入所装载的包装件数。

（7） Actual Gross Weight

（8） Nature and Quantity of Goods

货物品名和数量。填写合同或信用证中规定的货物名称、唛头、数量及尺码。

（9） Total other charges Due Carrier

因承运人需要而产生的费用，一般填写"AS ARRANGED"。

（10） Total prepaid/collect

预付/待付运费总额，一般填写"AS ARRANGED"。

（11） Signature of Shipper on His Agent

发货人或其代理人签名。本栏在签章处如同提单一样，需加注"AS AGENTS"或者"AS CARRIER"。此处显示的日期为签发本运单的日期，也就是本批货物的装运日期。

㊸又称"空运单据"，简称AWB。航空运单也是承运人与托运人之间的运输合同，但它不是物权凭证，既不能背书转让，也不能凭以提货。空运中也有Master与House提单之分：Master Air Way Bill（MAWB）为航空公司出的Carrier空运单，称为"主运单"，相当于海运中的MB/L；House Air Way Bill（HAWB）为货代公司出的。

特别说明

空运单据一般正本三份。第一份由签发空运单的承运人留存，"ORIGNAL 1（FOR ISSUING CARRIER）"；第二份随飞机转给收货人，"ORIGNAL 2（FOR CONSIGNEE）"；第三份交给发货人，"ORIGNAL 3（FOR SHIPPER）"。因此，能够提交给银行的正本只有一份，跟单信用证要求提交的正本运单不能为"全套正本空运单"。

航空运单因为涉及费率及费用计算等栏，因此在缮制时，通常是发货人提供基本的资料和要求，其余由承运人缮制并经发货人确认后签发。

航空运单样本

MAWB No. A&T No.

Shipper's Name and Address | Shipper's Account Number

Consignee's Name and Address | Consignee's Account Number

A&T

Not Negotiable
House Air Waybill
Air Consignment

上海航旅国际货运代理有限公司

SHANGHAI AVIATION & TOURISM INTERNATIONAL FREIGHT CO., LTD.

Copies 1.2 and 3 of this Air Waybill are originals and have the same validity.

Also Notify

It is agreed that the goods described herein are accepted for carriage in apparent good order and condition(except as noted)and SUBJECT TO THE CONDITIONS OF CONTRACT ON THE REVERSE HEREOF THE SHIPPERS ATTENTION IS DRAWN TO THE NOTICE CONCERNING CARRIERS LIMITATION OF LIABILITY. Shipper may increase such limitation of liability by declaring a higher value for carriage and paying a supplemental charge if required.

Agen's IATA Code | Account No. | Accounting Information

Airport of Departure (Addr of first Carrier)and requested Routing

to	By first Carrier	Routing and Destination	to	by	to	by	Currency	CHGS Code	WT/VAL PPO	WT/VAL COLL	Other PPD	Other COLL	Declared Value for Carriage	Declared Value for Customs

Airport of Destination | Flight/Date | For Carrier Use only | Flight/Date | Amount of Insurance

INSURANCE – If shipper requests insurance in accordance with conditions on reverse hereof, Indicate amount to be insured in figures in box marke amount of insurance

Handling Information

No. of Pieces RCP	Actual Gross Weight	kg lb	Rate Class Commodity item No.	Chargeable Weight	Rate Charge	Total	Nature and Quantity of Goods (incl. Dimensions or Volume) Said to Contain:

Prepaid	Weight Charge	Collect	Other Charges
	Valuaton Charge		Insurance Premium
	Tax		
	Total Other Charges Due Agent		Shipper certifies that the particulars on the face herecf are correct and that Insofar as any part of the consignment contains restricted articles, such part is properly described by name and is in proper condition for carriage by air according to the International Air Transport Association's Restricted Articles Regulations.
	Total other Charges Due Carier		
			Signature of Shipper or His Agent
Total prepaid		Total collect	
Currency Conversion Rates		cc charges in Dest. Currency	Executed on (Date) at (Place) Signature of Issuing Carrier or its Agent
For Cariers Use only at Destination		Charges at Destination	Total collect charges

A&T No.

Consideration AirWay Bill not negotiable

Original 3(For Shipper)

基本单据 5：产地证[44]的缮制说明

[44]产地证是证明货物原产地或制造地的证明文件，主要是便于确定货物应征收的税率。有的国家限制从某个国家或地区进口货物，也要求以产地证来证明货物的来源。

➢ 产地证的类型及签发者

产地证一般分为三种类型：

（1）商检机构出具的产地证

中华人民共和国检验检疫局（CIQ）出具的普惠制产地证格式（A）（GSP FORM A）、一般原产地证（CIERTIFICATE OF ORIGIN）。

（2）商会出具的产地证

中国国际贸易促进委员会（CCPIT）出具的一般原产地证，简称贸促会产地证（CCPIT CERTIFICATE OF ORIGIN）。

（3）制造商或出口商出具的产地证

在国际贸易业务中，应该提供哪种产地证，主要依据合同或信用证的要求。一般对于实行普惠制的国家出口货物，都要求出具普惠制产地证；还有很多国家习惯使用贸促会产地证；除此之外，通常都由商检局或出口商出具产地证。如果信用证并未明确规定产地证的出具者，那么银行应该接受任何一种产地证。在最简单的交易中，出口商在发票的下端注明“COUNTRY OF ORIGIN：×××（国家英文名称）”。

➢ 普惠制产地证[45]的缮制说明

[45]按照联合国贸发会议规定的统一格式而填制的一种证明货物原产地的文件，又是给惠国给予优惠关税待遇或免税的凭证。

1 栏：发货人。填写信用证的受益人名称、地址、国家。

2 栏：收货人。一般填写开证申请人的名址。如果开证申请人不是实际收货人，应填写实际最终目的地收货人名址，而无法明确实际收货人时，可以将提单的通知方作为收货人。此外，如果信用证有特别规定，则照搬即可。

3 栏：运输方式和路线要求填列运输工具、起运港和目的地，如需中途转运也应注明。例如：FROM DALIAN TO SEOUL BY SEA。

4 栏：正常情况下，此栏空白。如果发生后补证书或原证丢失的情况，由商检局填注。

5 栏：填列商品项目，有几项则填几项。如果只有单项商品，列明“1”。

6 栏：唛头。如果没有唛头也要注明“N/M”，不得留空。

7 栏：填写商品名称和最大包装件数的大小写，如果信用证要求加注信用证号或合同号等内容，也填写在此。最后使用“＊＊＊”在紧接着上述内容的下一行打一条截止线，以防伪加其他内容。

8 栏：原产地标准。填写货物原料成分代号，如果货物完全国产，填“P”；如果含有进口成分，填“W”，并在“W”的下方加注该商品的四位数字级的 HS 税目号；对加拿大出口时，含进口成分占产品出厂价 40% 以内，填“F”；出口至澳大利亚、新西兰的货物，此栏可留空不填。（具体情况在填列时应参照证书背面注释）

9 栏：毛重或其他数量。通常填写毛重，例如“G. W. 1000KGS”。没有毛重只有净重时，填写净重，标明“N. W. ”。此栏的数量为出口货物数量，不要打货物包装的数量。

10 栏：发票号码及日期。为避免月份、日期的误解，月份一律用英文缩写表示。

11 栏：商检局盖章，授权人手签，并填写出证日期和地点。注意日期不得早于发票日期和第 12 栏的申请日期，不得晚于提单的装运日期。

12栏：填写生产国别、进口国别（或地区）、出口商申请日期、地点及签章。注意，申请日期不得早于发票日期。另外，正本和副本证书出口商都要手签、盖章，不能复写。

普惠制产地证样本

ORIGINAL

1. Goods consigned from (Exporter's business name, address, country)	Reference No. **GENERALIZED SYSTEM OF PREFERENCES** **CERTIFICATE OF ORIGIN** **(Combinced declaration and certificate)** **FORM A** **Issued in** THE PEOPLE'S REPUBLIC OF CHINA **(country)** See Notes overleaf
2. Goods consigned to (Consignee's name, address, country)	
3. Means of transport and route (as far as known)	4. For official use

5. Item number	6. Marks and numbers of packages	7. Number and Kind of packages; description of goods	8. Origin criterion (see Notes overleaf)	9. Gross weight or other quantity	10. Number and date of invoices

11. Certification It is hereby certified, on the basis of control carried out, that the declaration by the exporter is correct.	12. Declaration by the exporter The undersigned hereby declares that the above details and statements are correct; that all the goods were produced in ________ (country) and that they comply with the origin requirements specified for those goods in the Generalized System of Preferences for goods exported to (importing country)
Place and date. signature and stamp of certifying authority	Place and date. signature and stamp of certifying authority

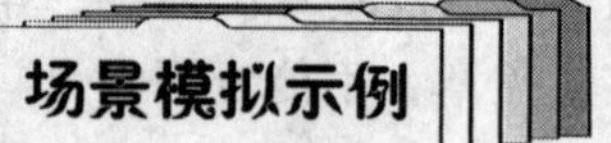

普惠制产地证缮制的实务范本

ORIGINAL

1. Goods consigned from (Exporter's business name, address, country) ANTING PLASTIC PRODUCTS CO., LTD. DALIAN, CHINA	Reference No. 3828902 **GENERALIZED SYSTEM OF PREFERENCES** **CERTIFICATE OF ORIGIN** **(Combinced declaration and certificate)** **FORM A** **Issued in** THE PEOPLE'S REPUBLIC OF CHINA **(country)** See Notes overleaf
2. Goods consigned to (Consignee's name, address, country) DRAGON TOY CO., LTD. WERKSTR. 2-4 HANBURG GERMANY	
3. Means of transport and route (as far as known) SHIPMENT FROM DALIAN,CHINA TO HAMBURG BY SEA	4. For official use

5. Item number	6. Marks and numbers of packages	7. Number and Kind of packages; description of goods	8. Origin criterion (see Notes overleaf)	9. Gross weight or other quantity	10. Number and date of invoices
1	DRAGON TOY HAMBURG CTN.1-700 MADE IN CHINA	SEVEN HUNDRED(700) CARTONS OF TOYS DETAILS AS PER ORDER NO.P01009 ************************	"P"	G.W. 1400.00KGS	BTU06002 AUG.20,2006

11. Certification	12. Declaration by the exporter
It is hereby certified, on the basis of control carried out, that the declaration by the exporter is correct. DALIAN AUG.23,2006 授权人签名 盖章 Place and date. signature and stamp of certifying authority	The undersigned hereby declares that the above details and statements are correct; that all the goods were produced in CHINA (country) and that they comply with the origin requirements specified for those goods in the Generalized System of Preferences for goods exported to EU (importing country) DALIAN AUG.22,2006 手签员签名、盖章 Place and date. signature and stamp of certifying authority

➢ 贸促会产地证的缮制说明

贸促会产地证的缮制与普惠制产地证很相似，不同的地方说明如下：

4 栏：填写目的港及国名。

8 栏：海关协调制度编码。

9 栏：一般填写毛重。

11 栏：出口商申请栏。注意贸促会产地证此栏在左侧，而普惠制产地证在右侧。

贸促会产地证样本

ORIGINAL

<table>
<tr><td colspan="2">1. Exporter</td><td colspan="3" rowspan="2">Certificate No. CCPIT 060481487

CERTIFICATE OF ORIGIN
OF
THE PEOPLE'S REPUBLIC OF CHINA</td></tr>
<tr><td colspan="2">2. Consignee</td></tr>
<tr><td colspan="2">3. Means of transport and route</td><td colspan="3" rowspan="2">5. For certifying authority use only</td></tr>
<tr><td colspan="2">4. Country / region of destination</td></tr>
<tr><td>6. Marks and numbers</td><td>7. Number and kind of packages; description of goods</td><td>8. H.S.Code</td><td>9. Quantity</td><td>10. Number and date of invoices</td></tr>
<tr><td colspan="2">11. Declaration by the exporter
The undersigned hereby declares that the above details and statements are correct,that all the goods were produced in China and that they comply with the Rules of Origin of the People's Republic of China.

Place and date,signature and stamp of authorized signatory</td><td colspan="3">12. Certification
It is hereby certified that the declaration by the exporter is correct.

Place and date,signature and stamp of certifying authority</td></tr>
</table>

贸促会产地证缮制的实务范本

ORIGINAL

1. Exporter ANTING PLASTIC PRODUCTS CO., LTD. DALIAN, CHINA	Certificate No. CCPIT 060481487 CERTIFICATE OF ORIGIN OF THE PEOPLE'S REPUBLIC OF CHINA
2. Consignee DRAGON TOY CO., LTD. WERKSTR. 2-4 HANBURG GERMANY	
3. Means of transport and route SHIPMENT FROM DALIAN, CHINA TO HAMBURG BY SEA	5. For certifying authority use only
4. Country / region of destination HAMBURG, GERMANY	

6. Marks and numbers	7. Number and kind of packages; description of goods	8. H.S.Code	9. Quantity	10. Number and date of invoices
DRAGON TOY HAMBURG CTN.1-700 MADE IN CHINA	SEVEN HUNDRED (700) CARTONS OF TOYS DETAILS AS PER ORDER NO.P01009 **************************	95.03	G.W. 1400.00KGS	BTU06002 AUG.20,2006

11. Declaration by the exporter	12. Certification
The undersigned hereby declares that the above details and statements are correct,that all the goods were produced in China and that they comply with the Rules of Origin of the People's Republic of China.	It is hereby certified that the declaration by the exporter is correct.
DALIAN AUG.22,2006 手签员签名、盖章 Place and date,signature and stamp of authorized signatory	DALIAN AUG.23,2006 授权人签名、盖章 Place and date,signature and stamp of certifying authority

基本单据 6：保险单[46]的缮制说明

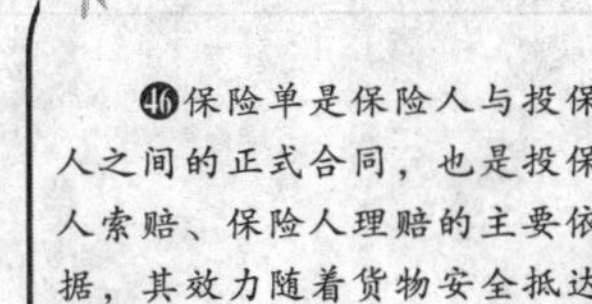

[46]保险单是保险人与投保人之间的正式合同，也是投保人索赔、保险人理赔的主要依据，其效力随着货物安全抵达目的地即告终止。

在国际贸易业务中，由于货物的交接过程中可能会遇到各种自然灾害和意外事故，因此几乎所有的进出口货物都办理货物运输保险。在价格条件 FOB 和 CFR 下，由进口商办理保险，出口商不需提交保险单。在 CIF 和 CIP 条件下，保险单是重要的结汇单据，其缮制说明如下：

（1）被保险人

一般填写信用证受益人名称，并在保险单背面空白背书。如果信用证规定“ENDORSED TO ORDER OF × × ×”，缮制方法如前，只是在背书时填上“TO ORDER OF × × ×”或“CLAIM IF ANY，PAY TO THE ORDER OF × × ×”；如果信用证规定“ENDORSED IN FAVOUR OF × × ×”，则背书时填列“IN FAVOUR OF × × ×”或“PLEASE PAY IN FAVOUR OF × × ×”。

如果信用证规定以某公司或某银行为被保险人，则在此栏直接填上规定的名称，出口商不需要背书。

（2）保险金额

如果信用证未明确保险金额的加成，保险金额一般按发票总金额的 110% 投保，最高不得高于 130%。必须注意的是，保险金额没有小数表示，小数点以后的金额无论有多少，一律都上进一个货币单位。如果发票金额扣除了佣金，应按扣佣金前的发票金额计算保险金额。

（3）启运日期

启运日期应根据提单签发日填。有些保单在启运日期前印有“On or about”字样，应理解为在所述日期前后各 5 天内装运，起讫日期包括在内。

（4）承保险别

本栏是保险单的核心内容，填制时应注意保险险别及文句与信用证要求严格一致。如果信用证未明确规定，则应按合同办理。

无论信用证中有无规定，填写险别时都应列出该险别的使用文本名称及生效日期，如“AS PER OCEAN MARINE CARGO CLAUSES（1/1/1981）OF THE PEOPLE'S INSURANCE COMPANY OF CHINA”。

（5）保险人的查勘、理赔代理人

投保后，保险公司根据目的港将当地保险代理商的名称、地址、联系方式在保险单上注明。如果当地没有保险公司的代理机构，可以注明由当地法定检验机构代为检验。如果信用证自行指定进口商选择的代理人不应接受。

（6）赔付地点

通常是目的港。如果信用证另有规定则按信用证要求填写。有时信用证规定在赔付地点后注明赔付的货币名称，应照办，例如：“CLAIM PAYABLE IN JAPAN IN USD”。

（7）保险单出单日期及地点

出单日应在提单日期或其他货运单据日期之前，最晚可与提单日期或其他货运单据日期同一天，比表示货物在装运前已办理保险手续。出单地点一般为受益人所在地。

（8）保险公司签章，保险单正式生效

保险单样本

PICC 中国人民财产保险股份有限公司
PICC Property and Casualty Company Limited

总公司设于北京 Head Office Beijing　　一九四九年创立 Established in 1949

货物运输保险单 CARGO TRANSPORTATION INSURANCE POLICY

提单号（B/L No.）　　保险单号(Policy No.)
合同号（Contract No.）
发票号（Invoice No.）
信用证号(L/C No.)
被保险人
(Insured)：

中国人民财产保险股份有限公司（以下简称本公司）根据被保险人要求，以被保险人向本公司缴付约定的保险费为对价，按照本保险单列明条款承保下述货物运输保险，特订立本保险单。

THIS POLICY OF INSURANCE WITNESSES THAT PICC PROPERTY AND CASUALTY COMPANY LIMITED(HEREINAFTER CALLED "THE COMPANY") AT THE REQUEST OF THE INSURED AND IN CONSIDERATION OF THE AGREED PREMIUM PAID TO THE COMPANY BY THE INSURED, UNDERTAKES TO INSURE THE UNDERMENTIONED GOODS IN TRANSPORTATION SUBJECT TO THE CONDITIONS OF THIS POLICY AS PER THE CLAUSES PRINTED BELOW.

标记 MARKS & NOS.	包装及数量 QUANTITY	保险货物项目 GOODS	保险金额 AMOUNT INSURED

总保险金额：
Total Amount Insured:
保费(Premium)：　　启运日期(Date of Commencement)：
装载运输工具(Per Conveyance)：
自：From　　经：Via　　至：To
承保险别(Conditions)：

ORIGINAL

所保货物如发生保险单项下可能引起索赔的损失，应立即通知本公司或下述代理人查勘。如有索赔，应向本公司提交正本保险单（本保险单共有____份正本）及有关文件。如一份正本已用于索赔，其余正本自动失效。

IN THE EVENT OF LOSS OR DAMAGE WHICH MAY RESULT IN A CLAIM UNDER THIS POLICY, IMMEDIATE NOTICE MUST BE GIVEN TO THE COMPANY OR AGENT AS MENTIONED. CLAIMS, IF ANY, ONE OF THE ORIGINAL POLICY WHICH HAS BEEN ISSUED IN____ORIGINAL(S) TOGETHER WITH THE RELEVENT DOCUMENTS SHALL BE SURRENDERED TO THE COMPANY. IF ONE OF THE ORIGINAL POLICY HAS BEEN ACCOMPLISHED, THE OTHERS TO BE VOID.

保险人：中国人民财产保险股份有限公司大连市分公司
UNDERWRITER: PICC PROPERTY AND CASUALTY COMPANY LIMITED DALIAN BRANCH
地址/ADD: 大连市黄河路2号
No. 2, Huanghe Road, Dalian, China
电话/TEL: 0411－3636670
传真/FAX: 0411－3636650
EMAIL: huoyx@ dal. piccnet. com. cn

Picc Property And Casualty Company Limited Dalian Branch

赔款偿付地点
Claim Payable at
签单日期(Issuing Date)　　授权人签字：Authorized Signature: 張建軍
Manager
www. piccnet. com. cn

核保人：　　制单人：　　经办人：

№ 0026062

场景模拟示例

保险单缮制的实务范本

PICC 中国人民财产保险股份有限公司
PICC Property and Casualty Company Limited

总公司设于北京　　一九四九年创立
Head Office Beijing　　Established in 1949

货物运输保险单 CARGO TRANSPORTATION INSURANCE POLICY

提单号（B/L No.）
合同号（Contract No.）
发票号（Invoice No.）
信用证号（L/C No.）
保险单号（Policy No.）

被保险人
(Insured): ANTING PLASTIC PRODUCTS CO., LTD.

中国人民财产保险股份有限公司（以下简称本公司）根据被保险人要求，以被保险人向本公司缴付约定的保险费为对价，按照本保险单列明条款承保下述货物运输保险，特订立本保险单。

THIS POLICY OF INSURANCE WITNESSES THAT PICC PROPERTY AND CASUALTY COMPANY LIMITED(HEREINAFTER CALLED "THE COMPANY") AT THE REQUEST OF THE INSURED AND IN CONSIDERATION OF THE AGREED PREMIUM PAID TO THE COMPANY BY THE INSURED, UNDERTAKES TO INSURE THE UNDERMENTIONED GOODS IN TRANSPORTATION SUBJECT TO THE CONDITIONS OF THIS POLICY AS PER THE CLAUSES PRINTED BELOW.

标记 MARKS & NOS.	包装及数量 QUANTITY	保险货物项目 GOODS	保险金额 AMOUNT INSURED
AS PER INVOICE NO. BTU06002	700CTNS	TOYS	USD96,250.00

总保险金额：
Total Amount Insured: SAY NINETY SIX THOUSAND TWO HUNDRED AND FIFTY ONLY

保费（Premium）：　　启运日期（Date of Commencement）：AUG.25, 2006

装载运输工具（Per Conveyance）：JINRONG V.217

自：From DALIAN, CHINA　经：Via　至：To HAMBURG

承保险别（Conditions）：

COVERING ALL RISKS AND WAR RISKS AS PER OCEAN MARINE CARGO CLAUSES(1/1/1981) OF THE PEOPLE'S INSURANCE COMPANY OF CHINA

ORIGINAL

所保货物如发生保险单项下可能引起索赔的损失，应立即通知本公司或下述代理人查勘。如有索赔，应向本公司提交正本保险单（本保险单共有＿＿份正本）及有关文件。如一份正本已用于索赔，其余正本自动失效。

IN THE EVENT OF LOSS OR DAMAGE WHICH MAY RESULT IN A CLAIM UNDER THIS POLICY, IMMEDIATE NOTICE MUST BE GIVEN TO THE COMPANY OR AGENT AS MENTIONED. CLAIMS, IF ANY, ONE OF THE ORIGINAL POLICY WHICH HAS BEEN ISSUED IN ONE ORIGINAL(S) TOGETHER WITH THE RELEVENT DOCUMENTS SHALL BE SURRENDERED TO THE COMPANY. IF ONE OF THE ORIGINAL POLICY HAS BEEN ACCOMPLISHED, THE OTHERS TO BE VOID.

保险人：中国人民财产保险股份有限公司大连市分公司
UNDERWRITER: PICC PROPERTY AND CASUALTY COMPANY LIMITED DALIAN BRANCH
地址/ADD: 大连市黄河路2号
No. 2, Huanghe Road, Dalian, China
电话/TEL: 0411－3636670
传真/FAX: 0411－3636650
EMAIL: huoyx@ dal. piccnet. com. cn
Picc Property And Casualty Company Limited Dalian Branch

赔款偿付地点
Claim Payable at DALIAN IN USD
签单日期（Issuing Date）AUG.24, 2006

授权人签字：
Authorized Signature: 張建军
Manager
www. piccnet. com. cn

核保人：　　制单人：　　经办人：

№ 0026062

场景 5.3 交单议付

Step 1：出口交单

出口商在货物装运出口、备妥各种结汇单据之后，就应该在信用证规定的有效交单期内将整套齐全的单据送交议付行，办理结汇手续，要求收取货款。

在这一个环节中，出口商除了向议付行提交信用证和信用证项下的全套单据外，还要同时附上“出口结汇申请书”，表示要求办理结汇手续。每家银行的出口结汇申请书的格式也许略有不同，有的银行还要求在出口结汇申请书上盖公章和本公司的收汇账户号，出口商只需按要求填制好，一并提交给议付行即可。有些出口商印有自己的“结汇备查表”，其形式和作用与“出口结汇申请书”相当，银行也会同样受理。

出口商在提交全套单据的同时应该注意留一套副本单据存档，以便付款人或付款行对单据提出异议时有据可查。

Step 2：结汇

议付银行在收到出口商提交单据后7个工作日内将审核单据的结果通知受益人，如果发现不符，出口商要在信用证交单期和效期内抓紧时间进行修改处理。如果没有不符点，议付银行则按照信用证规定寄出单据向外索汇。当付款行将票款划入议付行的账户后，议付行就按当日的外汇牌价将货款折成人民币划入出口商账户。至此，出口商的一笔国际贸易业务基本完成。

出口结汇申请书样本

申请单位简称

出口收汇申请书

致：中国银行　　　　　分行

兹提交下列信用证项下单据/托收单据，请你行办理出口收汇事宜为荷。

我司保证依照国际商会第500号出版物《跟单信用证统一惯例》处理信用证业务，国际商会第522号出版物《托收统一惯例》处理托收业务。

对不符点单据，我司承诺愿意承担由此产生的一切风险。

制单人：　　　　　　　　　　　　　　有权签字人签字：

电话：　　　　　　　　　　　　　　　申请单位盖章：

			项目	内容	项目	内容
单据份数	汇票					
	发票		品名		信用证号	
	提前		数量		修改次数	
	保险单		金额		报验号	
	货物收据		发票号		核销单号	
	空运单		提单号		出口国家	
	产地证		船名		托收交单方式	
	品质证		特殊要求：　　快邮 □			
	重量证					
	证明信					
	电抄		不符点：			
	包装单					
	兽医证					
	分析证					
	植检证					
银行审单记录						

有效期	装期	交单期限	客户退单日期
交单日期	B/L日期	初审日期及签字	复核日期及签字

结汇备查表样本

结 汇 备 查 表

议付银行：　　　　　　信用证号：　　　　　　（信用证修改次数：　　次）

品　名	金　额	目 的 港	发 票 号

船名		结汇单据	汇　票		重 量 证		普惠制产地证	
航次号			发　票		品 质 证		原 产 地 证	
提单号			提　单		海 关 发 票		证 明 信	
装期			承运收据		声 地 声 明		船公司证明	
效期			空 运 单		保 险 单		客 户 证 明	
核销号			重 量 单		出口许可证		电　抄	
			尺 码 单		纺织品产地证		客 户 电 抄	
			包 装 单		装 船 证		邮　收	

备注	
单据差错记录	
索汇寄单路线	

思考与实训 5

思考与实训 5－1

信用证在使用过程中会出现很多问题，下面列出两个真实的案例供大家思考。

案例 1[47]

[47] 整理自金塞波编著：《中国信用证法律和重要案例点评》，对外经济贸易大学出版社 2002 年版。

案情简介

1995 年 11 月 6 日，吉林省外贸进出口公司（以下简称吉林外贸）作为开证申请人在中国建设银行吉林省珲春市支行（以下简称珲春建行）开立一份不可撤销跟单信用证，受益人为瑞士纽科货物有限责任公司（以下简称纽科公司），通知行为纽约银行法兰克福分行（以下简称法兰克福分行）。该信用证注明适用国际商会第 500 号出版物即 1993 年修订的《跟单信用证统一惯例》（以下简称 UCP500）。——画出当事人结构图

1995 年 11 月 18 日，纽科公司开始装运信用证项下货物。同年 12 月 5 日，纽科公司将信用证项下的单据交给法兰克福分行，请求付款。

法兰克福分行审单后于同年 12 月 8 日通过电传向珲春建行提出单证有 7 个不符点，要求珲春建行指示是否承兑该批单据。

珲春建行于同年 12 月 15 日向法兰克福分行发出电传，明确表示拒付。

法兰克福分行将珲春建行表示拒付的电传通知了纽科公司，并将信用证下全套单据退还了纽科公司。

此间，纽科公司发运的货物被与吉林外贸有代理关系的珲春市国贸实业有限公司提走。纽科公司因向珲春建行追索货款未果，遂诉至中华人民共和国吉林省高级人民法院，请求判令珲春建行支付信用证项下货款及利息，并赔偿其损失。

案件思考

对于以上案件，你关注到哪些内容？作为法院，你认为应该如何判决，并给出理由。

思考空间

案例2[48]

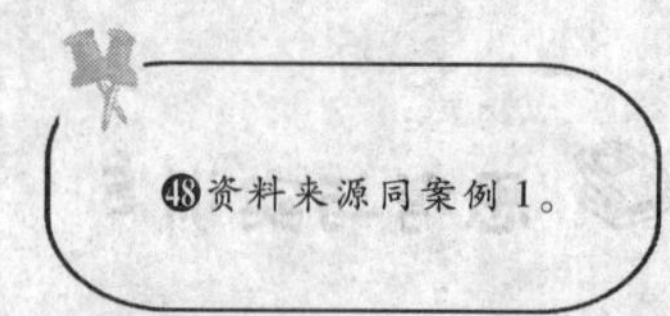

㊽资料来源同案例1。

案情简介

1998年9月8日，湖南省华隆进出口总公司（华隆公司）授权下属独立法人海南华隆进出口光峰公司（光峰公司）办理进出口结算和开立信用证业务。1998年12月10日，光峰公司向中国农业银行湖南省分行申请开立信用证。12月22日，开证行开立了远期80天不可撤销跟单信用证。信用证的开证申请人为华隆公司，受益人潮连物资（香港）有限公司（潮连公司），通知行为香港南洋商业银行。其中信用证条款第48A第3条约定："由申请人发出之货品收据，申请人之签字必须与开证银行持有之签字样式相符。"

同年12月31日，华隆公司正式收到信用证项下货物并有光峰公司工作人员易峰在货物收据上签名。

受益人潮连公司将信用证项下的单据提交开证行，要求付款。

开证行审单后发现，华隆公司预留在银行的信用证项下货物收据签字样式为"武斌"的签字，而受益人提供的货物上的签名却是"易峰"的，遂于1999年1月26日以货物收据上的签字与开证行持有之式样不同为由予以拒付，开证行同时将拒付通知了信用证实际的开证申请人光峰公司。

本案涉及的另外一份相似的信用证是开证行于1999年1月15日开立的不可撤销跟单信用证，该信用证也规定了与第一份信用证相同的关于签字样式的条款。华隆公司在开证行预留的货物收据签字样本为：在同一张样本上盖有两个华隆公司公章，其中一个章附有"武斌"的签名，另一个章附有"易峰"的签名。

1999年1月31日，华隆公司正式收到信用证项下货物并由光峰公司的易峰在货物收据上签名。

受益人将信用证项下的单据提交给开证行要求议付。

开证行审单后发现受益人提交的货物单据只有华隆公司公章和易峰一人签字，遂于1999年2月26日以"货物收据上之签署有异于开证银行所持的签署样式"为由予以拒付，并通知了光峰公司。

受益人认为单证相符，开证行不当拒付，遂起诉开证行，要求其兑付信用证。

案件思考

通过以上案件，你发现了哪些问题，以及在使用信用证的过程中应该注意什么？法院应该如何判决？依据是什么？

思考空间

思考与实训 5－2

请根据所给信用证及资料缮制全套信用证结汇单据。

信用证：

SWIFT ID = MT700 ISSUE OF L/C
21000 PRT DATE = 2005/06/08 PRT TIME = 085534
ARR. DATE = 2005/06/07 ARR. TIME = 1951 PRE. NO. M472506RS00025 ST = OP
SENDER = IBKOKRSEAXXX
BANK ID = IBKOKRSE
RECIPIENT = PCBCCNBJALNX
NAME = INDUSTRIAL BANK OF KOREA (HEAD OFFICE SEOUL), SEOUL
ADDRESS = 50, ULCHIRO 2 – GA, CHUNG – GU 100 758 SEOUL SOUTH KOREA

: 27: SEQUENCE OF TOTAL
1/1:

: 40A: FORM OF L/C (Y/N/T)
IRREVOCABLE

: 20: DOCUMENT CREDIT NO
M047232DS00025

: 31C: DATE OF ISSUE
050603

: 31D: DATE AND PLACE OF EXPIRE
050720 IN YOUR COUNTRY

: 50: APPLICANT
ASD CO LTD
R/NR 332, OKSAN BLDG, 104, GARAK DONG
SONG PA GU, SEOUL, KOREA

: 59: BENEFICIARY
DALIAN YONGXING INTERNATIONAL TRADING CO., LTD
NO. 6, WUWU ROAD, ZHONGSHAN DISTRICT, DALIAN CHINA

: 32B: CURRENCY CODE, AMOUNT
USD67,360.00

: 39A: PERCENTAGE CREDIT AMOUNT
05/05

: 41D: AVAILABLE WITH...BY
ANY BANK BY NEGOTIATION

: 42C: DRAFTS AT
AT SIGHT

: 42D:　　　　　DRAWEE
INDUSTRIAL BANK OF KOREA (HEAD OFFICE SEOUL), SEOUL
50, ULCHIRO 2 – GA, CHUNG – GU 100 758 SEOUL SOUTH KOREA

: 43P:　　　　　PARTIAL SHIPMENT
ALLOWED

: 43T:　　　　　TRANSSHIPMENT
ALLOWED

: 44A:　　　　　LOADING ON BOARD
ANY CHINA PORT OR AIRPORT

: 44B:　　　　　FOR TRANSPORTATION TO
NORFOLK, VA USA

: 44C:　　　　　LATEST DATE OF SHIPMENT
050710

: 45A:　　　　　DESCRIPTION OF GOODS
MENS DOWN JACKET M2305 1600PCS AT USD23. 50
LADIES DOWN JACKET L2310 1200PCS AT USD24. 80
TOTAL AMOUNT USD67,360. 00
+ COUNTRY OF ORIGIN : CHINA
+ PRICE TERMS : FOB CHINA

: 46A:　　　　　DOCUMENTS REQUIRED
+ SIGNED COMMERCIAL INVOICE IN TRIPLICATE INDICATING L/C NO.
+ PACKING LIST IN TRIPLICATE.
+ FULL SET OF CLEAN ON BOARD OCEAN BILLS OF LADING MADE OUT TO THE ORDER OF SUNTRUST BANK, MARKED FREIGHT COLLECT AND MARKED NOTIFY F AND C INTERNATIONAL CUSTOMBROKERS. 5353 E PRINCESS ANNE RD NO. A NORFOLK VA 10382 TEL 757 – 289 – 3829 AND INDICATING SHIPPING ARRANGEMENTS MADE BY AGI LOSISTICS AND/OR TWO COPIES OF AIRWAY BILL CONSIGNED TO PR55. VIRGINIA BEACH, VIRGINIA MARKED FREIGHT PREPAID AND MARKED NOTIFY F AND C INTERNATIONAL CUSTOMS BROKERS. 5353 E PRINCESS ANNE RD NO. A NORFOLK VA 10382 TEL 757 – 289 – 3829.
+ CERTIFICATE OF ORIGIN INCLUDING STAMP FROM LOCAL CHAMBER OF COMMERCE IN ORIGINAL AND 3 PHOTOCOPIES.
+ INSPCETION CERTIFICATE ISSUED AND PURPORTEDLY SIGNED BY MR. H. H. PARK OF ASD IN ORIGINAL AND 3 COPIES.
+ SIGNED CERTIFICATE ISSUED BY THE BENEFICIARY ON THEIR LETTERHEAD IN ORIGINAL AND 3 COPIES STATING THAT ALL COSTS FOR MERCHANDISE ARE INCLUDED IN COMMERCIAL INVOICE.

:47A:　　　　ADDITIONAL CONDITIONS

+A DISCREPANCY FEE OF USD60.00 (OR EQUIVALENT) SHOULD BE DEDUCTED FROM THE AMOUNT CLAIMED OR WILL BE DEDUCTED FROM THE PROCEEDS OF ANY DRAWING, IF DOCUMENTS ARE PRESENTED WITH ANY DISCREPANCY (IES).

+DRAFT DRAWN UNDER THIS CREDIT MUST BE ENDORSED AND CONTAIN THE CLAUSE, DRAWN UNDER INDUSTRIAL BANK OF KOREA, SEOUL, LETTER OF CREDIT NO. M047232DS00025 DATED 2005-06-03.

+SHIPMENT SHOULD BE MADE BY AGI LOGISTICS.

+ALL AMENDENT AND DISCREPANCY CHARGES ARE FOR THE ACCOUNT OF THE BENEFICIARY.

+CHARGES

ALL CHARGES OTHER THAN OURS ARE FOR THE ACCOUNT OF THE BENEFICIARY.

+PERIOD FOR PRESENTATION

DOCUMENTS MUST BE PRESENTED WITHIN 10DAYS ISSUANCE OF THE TRANSPORT DOCUMENT BUT WITHIN THE VALIDITY OF THIS CREDIT.

+5PCT MORE OR LESS IN QUANTITY AND AMOUNT ARE ACCEPTABLE.

:71B:　　　　CHARGES

ALL BANKING COMMISSIONS AND CHARGES OUTSIDE KOREA, PLUS REIMBURSING CHARGES, ARE FOR ACCOUNT OF BENEFICIARY.

:48:　　　　PERIOD FOR PRESENTATION

DOCUMENTS MUST BE PRESENTED WITHIN 10DAYS AFTER THE DATE OF SHIPMENT BUT WITHIN THE VALIDITY OF THIS CREDIT.

:49:　　　　CONFIRMATION INSTRUCTION

WITHOUT

:78:　　　　INSTR TO PAY/ACCEP/NEG

+ALL DOCUMENTS MUST BE FORWARDED DIRECTLY TO US (ADDRESS TO: INDUSTRIAL BANK OF KOREA (HEAD OFFICE SEOUL), 50, ULCHIRO 2-GA, CHUNG-GU 100 758 SEOUL SOUTH KOREA) IN ONE LOT BY COURIER SERVICE. (SWIFT: IBKOKRSEXXX)

+IN REIMBURSEMENT: UPON RECEIPT OF DOCUMENTS AND DRAFTS IN COMPLIANCE WITH TERMS AND CONDITIONS OF THIS CREDIT, WE SHALL REMIT THE PROCEED TO YOU IN ACCORDANCE WITH YOUR INSTRUCTIONS.

缮制单据参考资料：

INVOICE NO. 05DLYX003

PACKING IN 700CARTONS

TOTAL QUANTITY: 2800PCS

TOTAL NET WEIGHT: 5,360KGS;

TOTAL GROSS WEIGHT: 8,160KGS

TOTAL MEASUREMENT: 98CBM

B/L NO. 12WEY JP 557326K

VESSEL: J PIONEER 557E   ON BOARD DATE: 050706

CONTAINER AND SEAL NO. : CBHU2038290 38292 CY/CY; CBHU2033829 29389 CY/CY

H. S CODE: 62. 01

SHIPPING MARKS:

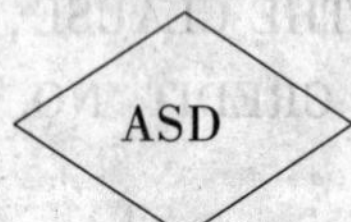

STYLE NO.

SIZE:

COLOR:

QTY:

CTN NO. :

MADE IN CHINA

场景主题 6

业务善后

【实训目的】

国际贸易业务进行到后期阶段，就自然会涉及业务善后问题。对于出口企业，办理完毕货物装运出口并顺利收回货款后，依据有关政策，要及时向外汇管理部门及税务部门办理出口收汇核销和出口退税手续。对于进口企业而言，善后阶段首要的事情是提货，提货后若对进口货物的数量、规格等发现有与合同约定不符之处，应当及时提起索赔，敦促对方着手理赔工作的落实，这非常有助于确立国际贸易买卖双方间长期的业务关系。本主题的实训是帮助熟悉、掌握出口核销退税的一般程序，操练出口收汇核销单的填写，撰写索赔、理赔的善后函。

【实训内容】

本主题由2个小场景组成，包括出口业务善后、进口业务善后。其中，出口业务善后涉及出口收汇核销和出口退税，进口业务善后包括提货及索赔。

场景6.1 出口业务善后：核销及退税

场景模拟

北京力迈进出口公司2006年3月7日向美国顺利出口了女式衬衫后，开始处理出口收汇核销和出口退税事宜。

请分组扮演，着重体会核销和退税的流程。并思考：办理核销和退税应准备哪些必要的单证和材料？应分别到哪些部门办理核销和退税业务呢？

出口企业只要按照信用证规定的条款完成发货任务，在单单相符、单证相符的情况下，就可以安全取得货款，至此出口企业就完成了出口活动。但是，还有一些国内的善后手续需要办理，主要是出口收汇核销和出口退税两项工作。出口企业应按有关政策及时向外汇管理部门及税务部门办理出口收汇核销和出口退税手续。

Step 1：了解出口收汇核销

为监督出口企业能够按时、准确结汇，我国自 1991 年 1 月 1 日起实施出口收汇核销制度。它是国家加强出口收汇管理，确保国家外汇收入，防止外汇流失，指定外汇管理部门对出口企业贸易下的外汇收入情况进行监督检查的一种制度。该制度下的重要单据是出口收汇核销单。

出口收汇核销单（以下简称核销单），系指由国家外汇管理局（以下简称外汇局）制发、出口单位凭以向海关出口报关、向外汇指定银行（以下简称银行）办理出口收汇、向外汇局办理出口收汇核销、向税务机关办理出口退税申报的有统一编号及使用期限的凭证。

我国对核销单的管理比较严格，体现在如下几点：

(1) 核销单具有有效期

核销单自领单之日起两个月以内报关有效，自报关之日起 60 天内办理送交核销单存根手续。此外，出口单位应当在收到外汇之日起 30 天内，凭出口收汇核销单及其他规定的单据，到外汇局办理出口收汇核销手续。

(2) 对核销单的使用监控严格

出口单位从外管局申领的每一份核销单最后都要送交回外汇局，对于错填作废的核销单也要退回外汇局注销，对于未在有效期内使用的核销单，出口单位应当在失效之日起一个月内将未用的核销单退回外汇局注销。

如出口单位将核销单丢失，必须立即向发放核销单的外汇管理部门报告所丢失的核销单编号，并通过报纸发表声明，该核销单即行作废。

核销单遗失需要补办的，应由出口单位在遗失核销单后 15 天之内向外汇局书面说明情况（加盖公章、法人签字），申请挂失，外汇局核实后，统一登报声明作废。

(3) 核销单与其他单证的收汇金额相符方能核销

出口单位在向当地外汇管理部门办理核销时，如报关单金额和收汇金额存在差额，须提供有关证明。

Step 2：出口收汇核销流程

出口收汇核销的流程见图 6－1。

登记

(1) 出口单位初次申领出口收汇核销单前，持有关材料到注册所在地外汇局办理核销备案登记，外汇局审核无误后，为出口单位办理登记手续，建立出口单位电子档案信息。

办理登记提供的材料包括：

①单位介绍信、申请书。

②外经贸部门批准经营进出口业务批件正本及复印件。

③工商营业执照副本及复印件。

④企业法人代码证书及复印件。

⑤海关注册登记证明书复印件。

⑥出口合同复印件。

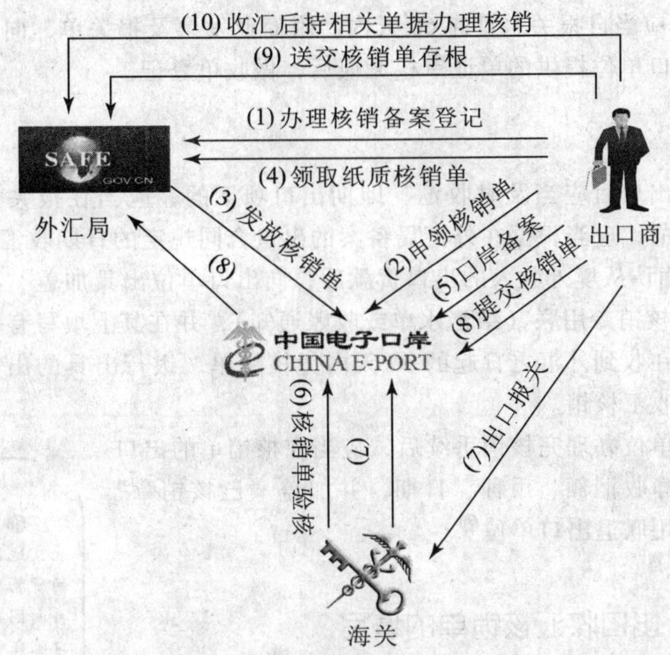

图 6－1　出口收汇核销流程

领单

(2) 有出口业务时，出口单位应当根据业务实际需要先通过“中国电子口岸出口收汇系统”向外汇局提出领取核销单申请，然后凭本企业操作员 IC 卡及其他规定的凭证到外汇局领取核销单。

(3) 外汇局根据出口单位申请的核销单份数和出口收汇核销考核等级向出口单位发放核销单，并将核销单电子底账数据传送至“中国电子口岸”数据中心。

(4) 出口单位到外管局领取纸质核销单。出口单位在核销单正式使用前，应当加盖单位名称及组织机构代码条形章，在骑缝处加盖单位公章。

报关

(5) 出口单位报关前通过“中国电子口岸出口收汇系统”在网上向报关地海关进行出口核销单的口岸备案[49]。

(6) 报关地海关对核销单进行验核，并将信息传送至“中国电子口岸出口收汇系统”。

(7) 出口单位向海关提交事先备案的外汇核销单报关。报关后，海关在核销单和与核销单有相同编号的报关单上盖“验讫章”，同时将信息传送电子口岸。（在海关与外汇管理部门实行计算机联网之前，此项报关单加贴防伪标签；在海关与外汇管理部门实现计算机联网后，此项报关单不再加贴防伪标签。）

> [49] 出口单位到海关报关前，应对本单位所领用的，“外汇局使用状态”为“有效”、“海关使用状态”为“未用”、“备案口岸”为“空白”的核销单，通过“中国电子口岸出口收汇系统”向报关地海关进行核销单的口岸备案。一张核销单只能备案到一个口岸，未进行口岸备案的核销单不能用于出口报关。

送交存根

(8) 出口单位报关出口后通过“中国电子口岸出口收汇系统”将已用于出口报关的核销单向外汇局交单。

（9）出口单位应当自报关之日起60天内，附商业发票及报关单，向外汇局送交核销单存根。外汇局对出口单位提供的单证审核无误后，做收单登记。

收汇核销

出口单位报关出口后应当及时收汇，即期出口项下的，应当在报关之日起180天内收汇；远期出口项下的，应当根据在外汇局备案的出口合同规定的日期收汇。

（10）银行在确认从境外收入的出口货款后，向出口单位出具加盖“出口收汇核销专用联章”的出口收汇核销专用联（结汇水单或收账通知），并在其上填写有关核销单编号。

出口单位应当在收到外汇之日起的30天内凭核销单、银行出具的出口收汇核销专用联到外汇局办理出口收汇核销。

外汇局为出口单位办理完核销手续后，应当在核销单的出口退税专用联上签注净收汇额、币种、日期，并加盖“已核销章”后，将出口退税专用联退出口单位㊿。

㊿自2006年6月1日起，北京地区的出口企业报关出口的货物申报出口退税时，不用再向国家相关部门附送纸质出口收汇核销单。取消“出口退税”纸质出口收汇核销单后，北京市国家税务局以国家外汇管理局北京外汇管理部通过专用网络传送的、经电子签章的出口收汇核销电子数据作为审批企业出口退税的依据。北京率先全国实行申报出口退税免予提供纸质出口收汇核销单，主要目的是推进贸易便利化、提高政府管理部门的工作效率、简化出口企业的申报手续、减少出口企业的申报凭证、降低企业出口退税成本。

Step 3：出口收汇核销单的填写

出口收汇核销单分为存根、正联、退税联三部分。需要出口企业填写的基本内容包括：

（1）出口单位、单位代码：三联都由出口企业填写出口单位全称和外汇管理部门所给代码，并在骑缝处加盖公司章。

（2）出口币种总价：填写货币种类和数额。

（3）收汇方式：合同规定的收汇方法，如T/T、L/C、D/P、D/A等。

（4）预计收款日期：预计收到货款的时间，如果不能确定此栏可空白。

（5）报关日期：采用年、月、日顺序填写报关时间。

（6）货物名称、数量、币种总价：均按报关单内容填写。

（7）报关单编号：对应报关单的号码。

其他栏目分别由海关、银行、外汇局签注，企业无须填写。各部分的填写方法是：

存根

①编号。应与出口报关单上所载的编号一致。

②出口单位。填写领取核销单的单位的名称。

③单位代码。填写领取核销单的单位在外汇管理局备案的号码。

④出口币种总价。此栏填写出口成交货物总价及使用币种。一般情况下，须与报关单一致。溢短装出口时，可以不一致，但须提供该笔出口的货运提单副本（提单上有实际出口的数量和重量，根据发票或报关单上的单价与提单上的重量或数量相乘，即可得出实际出口的总金额）。

⑤收汇方式。填写信用证、托收、汇付。

⑥预计收款日期。依付款期限、地点不同按规定填写：

即期信用证和即期托收项下的货款，从寄单之日起，近洋地区（中国香港和澳门）20

天内，远洋地区（中国香港和澳门以外的地区）30 天内结汇或收账。如港澳地区，2006 年 9 月 6 日寄单，预计收款日期即应填写 2006 年 9 月 26 日。

远期信用证和远期托收项下货款，从汇票规定的付款日起，港澳地区 30 天内，远洋地区 40 天内结汇或收账。如港澳地区，预计收款日期为寄单日期加上邮程日期加上汇票规定的远期天数加上 30 天。如寄单日期为 2006 年 6 月 1 日，汇票为远期 180 天，则预计收款日期应为 2006 年 6 月 1 日 +10 天 +180 天 +30 天，则为 2007 年 1 月 8 日。

⑦报关日期。同出口报关单右上角的出单日期。

⑧备注。填写出口单位就该核销单项下需说明的事项。如北京甲进出口公司代广西乙进出口公司出口，收汇后，原币划转广西进出口公司，则该事项连同该受托公司的联系地址和电话应批注在备注栏内并加盖批注单位的公章。

⑨有效期。自领单日起 4 个月，此栏由外汇管理局填。

正联

①出口单位。填写领取核销单的单位的名称（同存根）。

②单位代码。填写领取核销单的单位在外汇管理局备案的号（同存根）。

③银行签审。涉及类别、币种金额、日期、公章。即填写收汇方式、币种总价、收结汇日期，签审无误后银行盖章。

④海关签注栏。海关验放该核销单项下的出口货物后，在该栏目内加盖“放行”或“验讫”章，并填写放行日期。如遇退关，海关需在该栏目加盖有关更正章。

⑤外汇管理局签注栏。由外汇管理部门将核销单、报关单、发票等配对审核无误后，在该栏内签注意见，并由核销人员签字，加盖“已核销”章。

退税联

①编号。应与出口报关单的编号一致（同存根）。

②出口单位。填写领取核销单的单位的名称（同存根）。

③单位代码。填写领取核销单的单位在外汇管理局备案的号（同存根）。

④货物名称。同报关单。

⑤出口数量。同报关单。

⑥币种总价。此栏填写出口成交货物总价及使用币种（同存根）。一般情况下，须与报关单一致。溢短装出口时，可以不一致，但须提供该笔出口的货运提单副本（提单上有实际出口的数量和重量，根据发票或报关单上的单价与提单上的重量或数量相乘，即可得出实际出口的总金额）。

⑦报关单编号。按报关单左上角号码填写。

⑧外汇局签注栏。由外汇管理部门将核销单、报关单、发票等配对审核无误后，在该栏内签注意见，并由核销人员签字，加盖“已核销”章（同正联）。

出口收汇核销单的样本

<table>
<tr><td colspan="2">出口收汇核销单
存根
（ ）编号1250012345</td><td colspan="5">出口收汇核销单
（ ）编号1250012345</td><td colspan="3">出口收汇核销单
出口退税专用
（ ）编号1250012345</td></tr>
<tr><td colspan="2">出口单位：</td><td colspan="5">出口单位：</td><td colspan="3">出口单位：</td></tr>
<tr><td colspan="2">单位代码：</td><td colspan="5">单位代码：</td><td colspan="3">单位代码：</td></tr>
<tr><td colspan="2">出口币种总价：</td><td rowspan="2">银行签审</td><td>类别</td><td>币种金额</td><td>日期</td><td>盖章</td><td>货物名称</td><td>数量</td><td>币种总价</td></tr>
<tr><td colspan="2">收汇方式：
预计收款日期：
报关日期：</td><td></td><td></td><td></td><td></td><td></td><td></td><td></td></tr>
<tr><td colspan="2">备注：</td><td colspan="5">海关签注栏：</td><td colspan="3">报关单编号：</td></tr>
<tr><td colspan="2">此单报关有效期截止到
年 月 日</td><td colspan="5">外汇局签注栏
年 月 日（签章）</td><td colspan="3">外汇局签注栏
年 月 日（签章）</td></tr>
</table>

未经核销此联不得撕开

场景模拟示例

出口收汇核销单缮制的实务范本

<table>
<tr><td colspan="2">出口收汇核销单
存根
（京）编号1250012345</td><td colspan="5">出口收汇核销单
（京）编号1250012345</td><td colspan="3">出口收汇核销单
出口退税专用
（京）编号1250012345</td></tr>
<tr><td colspan="2">出口单位:北京力迈进出口公司</td><td colspan="5">出口单位：北京力迈进出口公司</td><td colspan="3">出口单位：北京力迈进出口公司</td></tr>
<tr><td colspan="2">单位代码：235859382</td><td colspan="5">单位代码：235859382</td><td colspan="3">单位代码：235859382</td></tr>
<tr><td colspan="2">出口币种总价：USD36,500.00</td><td rowspan="2">银行签审</td><td>类别</td><td>币种金额</td><td>日期</td><td>盖章</td><td>货物名称</td><td>数量</td><td>币种总价</td></tr>
<tr><td colspan="2">收汇方式：信用证
预计收款日期：2006.04.15
报关日期：2006.03.07</td><td></td><td></td><td></td><td></td><td>女式衬衫</td><td>1250件</td><td>USD36,500.00</td></tr>
<tr><td colspan="2">备注：</td><td colspan="5">海关签注栏：</td><td colspan="3">报关单编号：
550022455</td></tr>
<tr><td colspan="2">此单报关有效期截止到
2006年7月1日</td><td colspan="5">外汇局签注栏
年 月 日（签章）</td><td colspan="3">外汇局签注栏
年 月 日（签章）</td></tr>
</table>

未经核销此联不得撕开

Step 4：出口退税及其主要凭证

我国出口退税主要凭证见表 6－1。

表 6－1　　出口退税的主要凭证

凭证名称	出具人	证明作用
增值税专用发票（抵扣联）或普通发票	生产商或供货商	购进出口货物
出口货物专用缴款书（第二联）或出口货物完税分割单（第二联）	国税局	供货环节已按规定纳税
出口货物报关单（出口退税专用联）	海关	货物已经离境出口
出口收汇核销单（出口退税专用）	外汇管理局	货物已经收汇
结汇水单（或收账通知）	银行	取得国外付款已结汇

我国出口退税[51]政策规定，凡出口产品在国内生产和流通环节中已被征收产品税、增值税、营业税、特别消费税的，在该产品报关出口后，国家税务机构向出口单位直接退回已征的税款。

[51] 出口退税的目的是降低出口产品成本，使出口商品以不含税价格进入国际市场，避免对跨国流动物品重复征税，从而促进该国家或地区的出口贸易增长。出口退税机制作为一项国际通行的财政激励机制，已被 WTO 诸多成员广泛应用，是各国为增强出口产品竞争力的重要税收措施。

我国对出口退税的管理实行先征后退政策，同时实行出口退税与出口收汇核销挂钩的政策。因此，产品报关出口后，只有在外汇局办理完出口核销手续，才可以凭有关凭证按月向税务机关申报办理该项出口产品的退税。

Step 5：出口退税流程

出口退税是一项政策性强、涉及部门多、流程较为复杂的工作，出口企业一般都设有财会部门或专人负责办理出口退税事宜。因此，这个环节我们只须了解其流程即可（见图 6－2）。

登记

（1）有关证件的送验及登记表的领取

企业在取得有关部门批准其经营出口产品业务的文件（复印件）和工商行政管理部门核发的工商登记证明（副本）后，应于30日内到当地主管退税业务的税务机关办理退税登记，领取《出口企业退税登记表》。

（2）退税登记的申报和受理

企业领表后，按登记表及有关要求填写，加盖企业公章和有关人员印章后，连同出口产品经营权批准文件、工商登记证明等资料一起报送税务机关。税务机关经审核无误后，即受理登记。

（3）填发出口退税登记证

税务机关接到企业正式申请，经审核无误后，填写相关内容，如退税公式、退税方法、申报方式等，并按规定的程序批准后，核发给企业“出口退税登记证”。

(4) 出口退税登记的变更或注销

当企业经营状况发生变化或某些退税政策发生变动时，应根据实际需要变更或注销退税登记。

申报

(1) 核对出口报关单电子信息

出口企业收到海关签退的出口货物报关单（出口退税专用）后，通过“电子口岸”核对海关报关单电子信息。如发现海关编号、出口日期、商品代码、出口数量、离岸价等与纸质报关单不一致，由出口企业提出申请，退税机关向海关发核实函并按有关规定处理。

(2) 出口货物退税申报

出口企业在出口货物报关单右下角海关签发的验讫放行日期90天内收齐退税单据，审核无误后，使用国家税务总局认可的出口货物退（免）税电子申报系统，按每一笔出口业务进货与出口对应的原则，集中在出口退税申报系统内依次如实录入有关数据，并仔细核对确保无误地生成电子申报数据，然后按操作规程在出口退税申报系统中处理数据，生成申报软盘。

打印出口退税进货凭证申报明细表、出口货物退（免）税申报表、出口货物退税汇总申报表，随同其他必要凭证，向税务机关申报办理出口货物退（免）税手续。

出口企业一般按月申报一次出口退税，如出口量大、退税多，则企业应提出书面申请，经税务机关批准，可在一个月内申报两三次退税。逾期申报的，除另有规定者外，税务机关不再受理该笔出口货物的退（免）税申报，该补税的应按有关规定补征税款。

审批

接到出口企业申报出口货物退税后，税务机关使用符合规定的出口货物退（免）税电子化管理系统及出口退税率文库，按照有关规定审核、审批。

通过预审、稽核后，符合有关规定的，税务机关出具相关证明，负责退税管理的人员通过退税系统生成、打印出口税收退还书，退税资料、申报软盘交还企业，并安排退税资金，根据审核结果将出口退税资金划转出口企业。

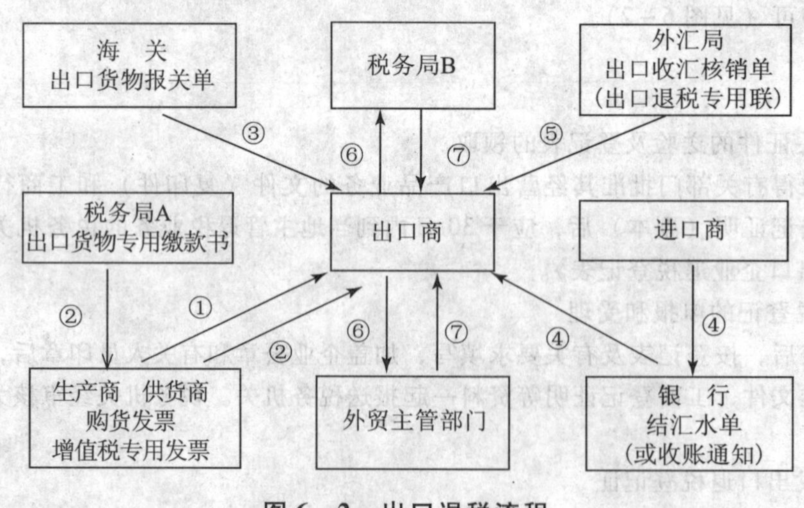

图6-2 出口退税流程

①出口企业从生产商、供货商处购进商品，取得出口购货发票、增值税专用发票。

②生产商或供货商所在地的税务机关开具出口货物专用缴款书，并交出口企业。

③出口企业将货物报关出口，取得出口货物报关单。

④出口企业收取国外支付货款，取得银行出具的结汇水单或收账通知。

⑤出口企业按规定向外汇管理部门办理出口收汇核销手续，取得外汇管理部门盖章的出口收汇核销单（出口退税专用联）。

⑥出口企业填写出口退税申报表，汇集退税单据凭证按月报请税务机关、外贸主管部门批准退还或免征有关税款。

⑦外贸主管部门稽核、税务机关部门审核无误将应退税款退给出口企业。

场景 6.2　进口业务善后：提货及索赔

场景模拟

上海A进口商进口了一批化肥，货物按期抵达上海港。船公司当日发出到货通知，要求A进口商从速安排提货。一星期后，A进口商到指定地点提货时发现，由“红星”(REDSTAR)号轮装运的AH643号合同项下1000公吨化肥中有36袋破损，1800磅原料化肥无可挽回地发生丢失。于是立即申请商检机构检验，并于8月26日将此事电告供货商，称正在等待检验报告。过了一段时间，上海商品检验局的检验报告证明，货物短重1800磅，经彻底检查，表明是由于包装不善造成化肥袋破损，供货商应负责任。基于上海商检局的检验报告，现在进口商提出索赔清单，对短交数量索赔357英镑，外加检验费25英镑，并随函附寄第SH（2006）735号检验报告。

请分组模拟，分别扮演A进口商、船公司、港务局、海关、商品检验局等人员，着重体会：A进口商应当如何办理提货？发生索赔事项时应当如何妥善处理？

Step 1：提货的程序

在国际贸易业务中，进口商在开立有效信用证之后，剩余的主要业务流程就是付款赎单和提取货物。在这个小场景中，我们以进口商的身份来熟悉如何及时凭提货证明自行或委托代理人到指定地点提货的程序。具体程序如下：

收取到货通知

船舶到港后，承运人会在货物运抵到货地点后24小时内向被通知人寄交“准备卸货通知”。

换取提货单

进口商获悉到货情况后，凭正本提单或副本提单随同有效的担保向承运人或其代理人换取可向港口装卸部门提取货物的凭证，即提货单。

报验报关

进口商在货物到港后必须及时向卸货口岸或者到达站的商检机构办理进口商品登记和办理报验手续。检验机构在货物检验完成后，在报关单上加盖检验印章，表示货物已经过检验。对于不合格商品，进口商可以将商检机构提供的检验证书作为对外索赔或退还货物的凭证。

报验后，进口商必须办理报关纳税等进口手续。必要时，进口商可能需提供原产地证书或其他单证。对法定检验商品，必须出示检验证明或商检机构签章的报关单。

签收货物

报验报关后，进口商凭提货单等相关单据至指定地点提取货物。对货物无货损货差异议，收货人应在货运单上签收，承运人即解除运输责任。如果提货监卸时，发现货损货差，应会同船方和港务当局填制货损货差报告。

Step 2：索赔[52]的原因及索赔对象

进口商提货后，如果发现货物品质、数量、包装等与合同规定不符，应及时获取商品检验部门开具的商检证书、残损证明以及货物的发票、装箱单、提单副本，在合理期限内向责任方提出索赔。依据具体情形，责任方通常包括卖方、承运人、保险公司。

> [52]索赔是受损方向违约方提出损害赔偿要求的行为。违约方对受损方所提出的赔偿要求予以受理并进行处理，称为理赔。因此，索赔和理赔是一个问题的两个方面。对受损方而言，称为索赔，对违约方而言，则称理赔。

向有关承运人提出索赔

承运人签发清洁提单，提单上无任何不良批注，货物到岸后若发生残损或到货数量少于提单所载数量，进口商应会同船方和港务当局填制货损货差报告，根据不同运输方式的有关规定，及时向有关承运人提出索赔。若向轮船公司索赔，须另附由船长及港务局理货员签证的理货报告及船长签证的短卸或残损证明。

向保险公司提出索赔

货物因自然灾害、意外事故或运输装卸过程中事故等受损，并属于承保范围内的，应向保险公司索赔。因承运人的过失造成货物残损、丢失，而承运人不予赔偿或赔偿金额不足抵补损失的，如属于保险公司承保范围内的，也应向保险公司提出索赔。索赔时，须另附保险公司与买方的联合检验报告。

Step 3：索赔函的撰写

索赔函是受损方向违约方提出索赔要求的书面文件，也包括责任方或违约方对索赔函的回复或处理，既可能是理赔，同意索赔方所提出的损害赔偿、交付替代货物、退货、换货、补货、修理或降价处理等要求，也可能是申辩说明没有责任，这些都可归属于索赔函的撰写所要操练的丰富内容。例如：

场景分析指导

分析案情，我们可知，进口商对索赔事项及时提出，先以电报告知，继而以书面信函形式正式提起索赔。经调查，索赔原因是货物包装不善造成进口货物发生部分灭失，认定责任方即索赔对象是供货商。

索赔证据有 SH（2006）735 号商检报告、索赔清单，具体索赔要求为：对短交的 1800 磅化肥要求赔偿 357 英镑，外加检验费 25 英镑。

将以上关键内容全部有机地融入索赔函的撰写操练中，需要组织好信息，做必要的技术处理，并设计好写作思路。

例如，可以将合同号、交易数量、交易商品概括在主题栏中。

Re：Contract AH643 for 1000 M/T Chemical Fertilizer

又如，可将电报内容（所有字母全部大写状态）原文引述在索赔函，设计电报内容如下：

"CHEMICAL FERTILIZER MV REDSTAR 36BAGS FOUND BROKEN MATERIAL IRRETRIEVABLY LOST SHORTAGE ESTIMATED 1800LBS AWAITING SURVEY REPORT"

下面，我们采用混合式格式，根据场景模拟提供的信息，来为进口商拟写一封索赔函（范本中仅仅显示出称呼栏、主题栏、正文、结束敬语、签名、附件，其他组成部分此处从略）。

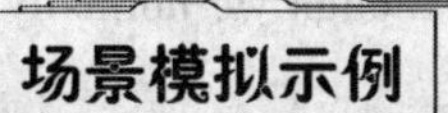

场景模拟示例

索赔函的缮写实务范本

Dear Sirs,

Re：Contract AH643 for 1000 M/T Chemical Fertilizer

Further to our cable dated 26 August reading "CHEMICAL FERTILIZER MV REDSTAR 36BAGS FOUND BROKEN MATERIAL IRRETRIEVABLY LOST SHORTAGE ESTIMATED 1800LBS AWAITING SURVEY REPORT", we have just received the survey report from the Shanghai Commodity Inspection Bureau (SCIB) evidencing the short weight of 1800 lbs. A thorough examination showed that the broken bags were due to improper packing, for which the suppliers should be definitely responsible.

On the basis of the SCIB's survey report, we hereby register our claim with you as follows:

our claim on short - delivered quantity: STG. 357.00

plus survey charges: STG. 25.00

Survey report No. SH (2006) 735 is herein enclosed and we look forward to your settlement at an early date.

Yours faithfully,

(sgd.)

Encl.

理赔函示例我们将另外设置一个场景进行说明：

场景设置：中国某公司收到国外进口商11月30日来函，因其客户对第20070107号定单项下的丝质衬衫供货不满，因此提出索赔，要求赔偿损失并将未售出的丝质衬衫全部取回。中国公司生产丝质衬衫多年，价廉物美，无人能比，在国际市场上享有盛誉。其所有的成品都应经过厂内检验才投放市场销售，但该批商品可能发生漏检。由于外方投诉的产生异议的货物数量不会很大，中方认为没必要取回，但答应对任何瑕疵货物可以换货，并同意对这批货物给予对方5%折扣。请据此为中国公司草拟一封理赔函。

模拟示例：我们采用平头式格式，根据场景模拟提供的信息拟写一封理赔函。

理赔函的缮写实务范本

Dear Sirs:

Silk Blouses against Order 20070107

We have received your letter of 30 November and very much regret that some of your customers are dissatisfied with our Silk Blouses supplied to your order No. 20070107.

We have been manufacturing Silk Blouses for many years and can claim to produce an item that no competitor has yet succeeded in producing at the favorable prices quoted. The reputation enjoyed by our Silk Blouses on international markets testifies to their superb quality. From what you say it would seem that some of the products escaped the examination before the sale though we normally give all finished products to our inspection department.

We can understand your problem, but regret that we cannot accept your suggestion to take back all the unsold Silk Blouses from the batch about which you complain. Indeed, there should be no need for this since it is unlikely that the number of faulty Silk Blouses can be very large. We will of course replace any piece of Silk Blouses found not to be satisfactory and on this particular batch we are prepared to allow you a special discount of 5% to compensate for your trouble.

Yours faithfully,

(sgd.)

Encl.

Step 4：索赔的解决方式

如果受损害方就所受损失会向对方提出索赔要求，而另一方坚持认为自己已履行了合同义务，这样，一方提出的异议不能得到对方认同，就自然引起贸易争议。通常，在国际贸易中，一旦发生争议和索赔，可以采用协商、调解、仲裁、诉讼等多种解决方式。

协商

友好协商是解决贸易纠纷的最好方式，但需要双方愿意，心平气和。例如双方在索赔发生后，经协商达成协议，由违约的一方付给相对方一定数额的赔偿金，或者补交一批货物，替代不符合约定质量的货物，或者答应下次交易中给予价格上的优惠等。此外，还可以通过订立索赔处理条款来处理。

调解

调解需要由第三方从中说和斡旋，但如果双方都各不相让，尤其是一方故意毁约根本没有解决诚意时，调解就对争议与索赔无能为力。

诉讼

由于司法程序费时费力且费用不菲，对簿公堂对贸易各方并不可取，诉讼是贸易当事人之间在不得已的情况下最终才会采取的解决方式。

仲裁[53]

在贸易实践中，更多的当事人在协商、调解未果时，大多愿意采用仲裁方式。双方当事人根据有关规定，事先或者事后达成一定形式的仲裁协议和仲裁条款，同意将他们之间的特定争议提交仲裁机构，由仲裁机构依照法律和仲裁规则对该争议进行裁决，从而解决争议和索赔。

[53]关于仲裁裁决的承认与执行，国际上有1958年《纽约公约》即《承认和执行外国仲裁裁决公约》（Convention on the Recognition and Enforcement of Foreign Arbitral Awards），要求各缔约国承认当事人之间书面仲裁协议的法律效力，并根据公约的规定和申请执行地的程序，承认和执行外国仲裁裁决。

思考与实训 6

思考与实训 6－1

根据所提供资料缮制出口核销单（空白核销单见书后附录）：

上海瑞杰进出口公司是一家从事钟表出口业务多年的公司，在外汇管理部门的单位代码为593902919。该公司2006年8月向美国出口2350套艺术钟表，总价58750美元，收汇方式为托收。2006年7月25日，该公司已事先从外汇管理部门申领出口收汇核销单，编号为2310038290，并于2006年8月4日报关，报关单编号为320087298。请根据上述信息填写出口核销单的相关内容。

思考与实训 6－2

索赔案例

2006年12月，一家中国服装公司进口了一批牛仔裤特制纽扣。货到检验时发现，不仅纽扣数量短少，而且根本达不到合同规定的规格和性能要求。于是2006年12月28日给国外客户写信，提出换货或电汇偿还CIF价款要求，同时要求其赔偿己方已支付的检验费75

美元。

外国公司积极处理此事，2007 年 2 月 6 日回函表明知悉此事，对中国公司寄送的商检机构出具的检验报告表示认可，证明其所交货物数量短少。经查，外国公司承认此次短少系外方工作疏忽所致，并决定下周以空邮方式将其补齐，向客户保证今后将不再发生此事。

根据上述索赔案例情形，请分别扮演中国公司和外国公司进行索赔、理赔。

思考与实训 6 - 3

撰写索赔函

北京腾华贸易公司自澳大利亚进口了一批毛条（wooltop），货物按期抵达天津新港（Xingang Tianjin）。船公司当日发出到货通知，要求腾华公司从速安排提货。一星期后，腾华公司到指定地点提货时发现，毛条的质量和数量都与合同规定有出入，于是立即申请商检机构检验，并电话告知澳大利亚出口公司并提起索赔，要求损害赔偿，随后寄发索赔函。澳大利亚出口公司回函时认为，货物质量符合约定，数量短少可能是运输途中发生丢失，要求腾华公司转向船公司索赔。船公司则要求必须出示船方和港务当局共同填制的货损货差报告，否则拒绝理赔。

根据案例信息，请分别为中国公司缮写索赔函，为外国公司、船公司分别缮写理赔函。

实训总结篇 国际贸易业务综合实训

【实训总结目的】

进出口业务涉及知识广泛、环节众多、原则性强、实务技能要求高。这些我们在前面各场景主题的实训中已经有所体会。在这一部分，我们要通过一单出口业务的模拟实训，对前面各部分中重点环节的知识、技能进行复习和巩固。

【实训总结要求】

在综合实训这一部分，我们将就出口业务中的发盘与接受、合同缮制、信用证审核、订舱、投保、报关、制单等环节分别给出背景资料、提出具体要求，通过角色扮演来体会前面学过的知识技能在实训中的运用。

一、 发盘

（一）业务背景

北京阳光贸易有限公司（Beijing Sunshine Trading Co. Ltd.，No. 36，Tianzhu Road，Chaoyang District，Beijing 100020，P. R. China，Fax.：0086－10－88995511）于2007年2月收到Rigolleau S. A.（Lisandro de la Torre 1651（B1884MFK）Berazategui，Buenos Aires，Argentina. Fax.：0054－1－256－2010）来函，表示对阳光公司网上发布的两款山地自行车感兴趣，希望得到报价并说明交易条件。

健体牌山地自行车
JIANTI MOUNTAIN BIKE

（二）产品资料

健体牌山地自行车（JIANTI MOUNTAIN BIKE）有 JMB0511 和 JMB0512 两个型号，各有深绿和深蓝两种颜色，是近年研发的产品，已经销往欧洲和澳洲市场，但尚无美洲销售记录。两个产品的价格、数量、包装、支付、交货等条件如下：

货物名称	产品规格	人民币购价	包装规格
健体牌山地自行车 Giant Mountain Bike	JMB0511 26′ Dark Green and Dark Blue	360/辆 含增值税 17% 出口退税 9%	每辆纸箱包装 33/28kg（毛/净） 120×76×50cm
健体牌山地自行车 Giant Mountain Bike	JMB0512 24′ Dark Green and Dark Blue	280/辆 含增值税 17% 出口退税 9%	每辆纸箱包装 30/25kg（毛/净） 120×76×50cm

（三）操作要求

作为一名阳光公司的外销员，你需要根据上述产品资料和下面的报价要求首先进行出口报价计算，然后向该公司发盘：

1. 报价术语为 CIF Buenos Aires；
2. 数量为一个 40′整箱；两个规格及颜色平均分配；
3. 运费至 Buenos Aires 为 7020 美元；美元对人民币汇率为 1：7.8；
4. 国内费用按含税购价的 5% 计算；
5. 按发票金额加成 10% 投保一切险和战争险（费率合计为 0.9%）；
6. 公司预期利润为 10%；
7. 付款条件为即期、不可撤销信用证；
8. 交货期为收到相关信用证后 30 天；
9. 如订货量为两个 40′箱，价格可优惠 2%；
10. 报价有效期为 7 天；
11. 发盘日期为 2007 年 3 月 1 日。

（四）实训心得

写出这一环节实训体会。字数在 100～300 之间。

二、 接受

（一）业务背景

经过还盘与再还盘，两公司就一个 40′货柜、两个规格、两个花色等量分配的货物价格、支付条款等条件基本达成一致意见后，Rigolleau S. A. 公司于规定时间内向北京阳光贸易有限公司发来如下函电：

Rigolleau S. A.

Lisandro de la Torre 1651 （B1884MFK） Berazategui, Buenos Aires, Argentina.

Fax.: 0054 - 1 - 256 - 2010

DATE: 10 March 2007

Beijing Sunshine Trading Co., Ltd.
No. 36, Tianzhu Road, Chaoyang District
Beijing 100020, P. R. China
Fax.: 0086 - 10 - 88995511

Dear Sirs,

We confirm to have accepted your last offer dated March 8 of 2007, but please advance the delivery time from 30 to 20 days, and send us the original contracts via DHL for our counter signature. The relevant L/C shall be issued next week.

Thanks.

Yours faithfully,

Sports Division
Dino Romano

（二）相关资料

北京阳光贸易有限公司在收到上述函电之前，同意在原报价基础上让步 2%，但其他商务条件保持不变；同时与生产厂商原有的供货条件也未做改变。

（三）操作要求

1. 判断这封来函是否属于有效接受？阳光公司应如何处置？

2. 阳光公司认为可以答应对方的提前交货要求。按上述价格进行核算，看看公司总赢利金额多少、利润率大。

（四）实训心得

写出这一环节实训体会。字数在 100 ~ 300 之间。

三、 合同缮制

（一）业务背景

北京阳光贸易有限公司认为提前 10 天交货是可以接受的，因为在交货时间是以信用证开到时起算 20 天；而信用证开到之前，生产可以适当提前安排。为了方便 Rigolleau S. A. 公司尽快开出相关信用证，阳光公司需要连夜将双方已经达成一致意见的主要商务条件填制于公司的销售确认书，再于第二天传真给对方确认后签字，并将原件一式两份通过 DHL 快递给 Rigolleau S. A. 公司会签。

（二）合同资料

1. 合同号码为 ST - JMB - 070310；
2. 合同日期为 2007 年 3 月 10 日；
3. 合同签订地点为中国北京；
4. 唛头： RIGOLLEAU S. A.
ST - JMB - 070310
BUENOS AIRES
No. 1 - 120
5. 其他相关信息依据前面双方达成的一致意见。

（三）操作要求

根据前面发盘和接受两个环节中的相关信息以及本环节中的合同资料，将双方在主要商务条件上达成的一致意见填制于下面的简式空白合同中。

注意：在制定英文合同条款时，要运用前

面相关场景主题中所学的知识。如装运港和目的港的选择应考虑产地、国内运输条件、国际运输航线与费率、客户所在地及其具体要求、运输保险等；保险的惯常险别；等等。

附：简式空白合同

北 京 阳 光 贸 易 有 限 公 司

Beijing Sunshine Trading Co. Ltd.

No. 36, Tianzhu Road, Chaoyang District, Beijing 100020, P. R. China

Fax.: 0086－10－88995511

销 售 确 认 书

SALES CONFIRMATION

买方 Buyers:　　　　　　　　　　　　　　　　号码 No.:

地址 Address:　　　　　　　　　　　　　　　　日期 Date:

电话 Tel.:　　　　　传真 Fax.:　　　　　　　地点 Place:

兹 经 双 方 同 意 下 列 货 物 按 下 列 条 款 成 交:

We confirm having sold to you the following goods on terms and conditions set forth below:

商品名称 Commodities and Descriptions	单位 Unit	数量 Quantity	单价 Unit Price	金额 Amount
Total Contract Value: SAY US DOLLARS				ONLY.

付款方式

Terms of payment:

装运期

Time of shipment:

装运港

Port of loading:

目的港

Port of destination:

保　险

Insurance:

包装、装船标记

Packing & shipping mark:

卖方　　　　　　　　　　　　　　买方

SELLERS　　　　　　　　　　　　BUYERS

（四）实训心得

写出这一环节实训体会。字数在 100～300 之间。

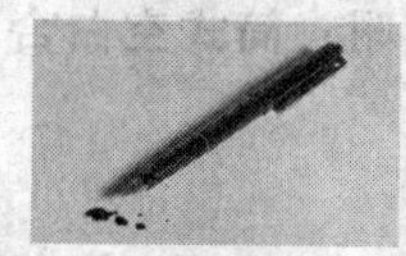

四、信用证审核

（一）业务背景

北京阳光贸易有限公司于 2007 年 3 月 18 日收到 Rigolleau S. A. 会签寄回的一份合同，并于 2007 年 3 月 28 日收到中国银行说明相关信用证已经开到的通知书。阳光公司需要尽快审核该信用证，因为如果发现需要修改其中某些内容，必须在收到信用证修改件后才能发货。修改信用证涉及多方当事人，能否准确、按时修改是阳光公司十分关心的大事。

（二）来证信息

下面是阳光公司收到的信用证：

23229 BKCH CN BJ
9679
3867 07/44 06707033 TCH0011
0657009767
ABAB

FROM: ANGLO - SOUTH AMERICAN BANK
OUR REF: ANG07031690007936008B88
TO : BANK OF CHINA
1 FUXINGMENNEI STREET, BEIJING 100818
PEOPLE'S REP. OF CHINA
TEST: FOR USD 13, 420.34 ON DATE16/03/2007

PLEASE ADVICE BENEFICIARY OF THE FOLLOWING IRREVOCABLE LETTER OF CREDIT ISSUED BY US IN THEIR FAVOR SUBJECT TO UCP 500:
DOCUMENTARY CREDIT NUMBER: ANG - BSLC07
DATE AND PLACE OF EXPIRY: APRIL 30th 2007, IN CHINA
APPLICANT: RIGOLLEAU S. A., LISANDRO DE LA TORRE 1651 (B1884MFK) BERAZATEGUI, BUENOS AIRES, ARGENTINA
BENEFICIARY: BEIJING SUNSHINE TRADING CO. LTD., NO. 36, TIANZHU ROAD, CHAOYANG DISTRICT, BEIJING 100020, P. R. CHINA

AMOUNT: USD 13,420.34
SAY UNITED STATES DOLLARS THIRTEEN THOUSAND FOUR HUNDRED TWENTY AND THIRTY FOUR CENTS ONLY

AVAILABLE WITH: ANY BANK
BY: NEGOTIATION OF BENEFICIARY'S DRAFT (S) AT 30 DAYS' SIGHT DRAWN ON ANGLO - SOUTH AMERICAN BANK, ACCOMPANIED BY THE DOCUMENTS INDICATED HEREIN

COVERING SHIPMENT OF:
COMMODITY ART. NO. QUANTITY
GIANT MOUNTAIN BIKE JMB0511 26' 60 PIECES AND JMB0512 24' 60 PIECES, DARK GREEN AND DARK BLUE EQUALLY ASSORTED
SHIPPING TERMS: CIF BUENOS AIRES
SHIPPING MARK: RIGOLLEAU S. A. /ST - JMB - 070310/ BUENOS AIRES/NO. 1 - 120

DOCUMENTS REQUIRED:
- 3 COPIES OF COMMERCIAL INVOICE SHOWING VALUE IN U. S. DOLLARS 0AND INDICATING L/C NO. AND CONTRACT NO
- 2COPIES OF PACKING LIST SHOWING GROSS/NET WEIGHT AND MEASUREMENT OF EACH CARTON
- CERTIFICATE OF ORIGIN IN TRIPLICATE
- 2 COPIES OF INSURANCE POLICY OR CERTIFICATE ENDORSED IN BLANK FOR THE INVOICE VALUE OF THE GOODS PLUS 110% COVERING ALL RISKS AND WAR RISK AS PER AND SUBJECT TO OCEAN MARINE CARGO CLAUSES OF THE PEOPLE'S INSURANCE COMPANY OF CHINA DATED 1/1/1981
- 3/3 SET AND ONE COPY OF CLEAN ON BOARD OCEAN BILLS OF LADING MADE OUT TO ORDER AND BLANK ENDORSED MARKED FREIGHT PREPAID AND NOTIFY APPLICANT

PARTIAL SHIPMENTS: NOT ALLOWED
TRANSSHIPMENTS: NOT ALLOWED
SHIPMENT FROM: TIANJIN, CHINA TO: BUENOS AIRES
NOT LATER THAN: APRIL 10, 2007

DOCUMENTS MUST BE PRESENTED WITHIN 15DAYS AFTER SHIPMENT, BUT WITHIN VALIDITY OF THE LETTER OF CREDIT

INSTRUCTIONS TO THE PAYING/ACCEPTING /NEGOTIATING BANK
NEGOTIATING BANK IS TO FORWARD ALL DOCUMENTS IN ONE AIRMAIL TO ANGLO - SOUTH AMERICAN BANK, PISO 10 AVENDIA CORRIENTES 457 1043 BUENOS AIRES ARGENTINA. TEL: 00 54 1 394 2318

END OF MESSAGE
NN/
32987 AGO LL
(WRU)
23229 BKCH CN BJ
NNNN

（三）操作要求

1. 根据成交条件审核上面这封信用证，找出其中存在的问题和应予修改的理由；

2. 用英语拟写一封信用证修改函给申请人——Rigolleau S. A. 公司。该函应于 2007 年 3 月 20 日前传真到 Rigolleau S. A. 公司。

注意：要运用前面相关场景主题中学到的知识、方法。

（四）实训心得

写出这一环节实训体会。字数在 100～300 之间。

五、订舱、投保、报关

（一）业务背景

Rigolleau S. A. 公司通过开证行修改了信用证，北京阳光贸易有限公司于 2007 年 3 月 31 日收到了该信用证修改。合同货物这时已经基本备好，商检及订舱工作在这之前就应该着手进行了；投保应于得到配舱回单时马上办理；报关工作要与船公司或货代协调好后，可在装期之前 2～3 天开始。

（二）相关资料

在订舱之后，提单号、装期、船名、集装箱号等信息就明确了。随后的投保和报关环节会需要这些内容。我们在这里先给出如下这些信息：

1. 提单号：CPS9601。

2. 装期：2007年4月7日。

3. 船名：YUNHE V. 123。

4. 集装箱号：COSU886025。

其他相关信息在前面各部分都可以直接或间接地找到。报关单中的一些内容，如预录入编号、海关编号、许可证号、批准文号、商品编号等可以留空，不用在我们的模拟练习中填写了。

（三）操作要求

在办理订舱、投保、报关这几项业务的环节中，我们首先要缮制出发票和装箱单。这两个单据本身和里面所提供的信息都是办理这几个环节的业务中所必要的。所以，首先我们来将下面所附的空白发票和箱单填制好。然后，从书后所附的空白单据和表格中找到订舱委托书、投保单、报关单进行填制。

附：空白发票

北 京 阳 光 贸 易 有 限 公 司

Beijing Sunshine Trading Co. , Ltd.

No. 36, Tianzhu Road, Chaoyang District, Beijing 100020, P. R. China

Fax. : 0086 - 10 - 88995511

发　票

INVOICE

S/C No.

INVOICE No.

Date

From ______________________ to ______________________

For account and risk of ____

Marks & Nos.	Description Of Goods	Amount

附：空白箱单

北京阳光贸易有限公司
Beijing Sunshine Trading Co. , Ltd.
No. 36, Tianzhu Road, Chaoyang District, Beijing 100020, P. R. China
Fax. : 0086 - 10 - 88995511

装 箱 单
PACKING LIST

S/C No.
INVOICE No.
Date

From ________ to ________

For account and risk of ________________

Marks & Nos.	Description Of Goods

（四）实训心得

写出这一环节实训体会。字数在 200 ~ 500 之间。

六、 制单

（一）业务背景

货物与2007年4月7日出运后，拿到提单，阳光公司应尽快按信用证要求缮制单据。因为一方面要留有剩余时间以备议付过程中发现不符点时来得及修改；另一方面也方便尽早结汇、有利于公司财务。

（二）相关资料

1. 需要缮制的单据种类、数量、内容等规定见信用证。其中的产地证书，由于并未就出证机构明确规定，可由阳光公司自己出具。

2. 空白单据和证书见书后附件。练习的目的是知道每个栏目填写的内容和熟悉制单的一般规律，所以在我们的模拟练习中每个单据作出一份即可。

3. 一般来说，出口合同执行过程中往往会制作两次单据，尤其是发票和箱单。装运之前制作的单据主要是用于办理装运之前的一些手续；装运之后制作的单据当然是用来议付货款的。当然两次制作的单据基本上应该是一致的。出现这种情况通常有两个：一是信用证到的比较晚；二是得到配舱回单上的提单号和装期很晚。所以要求在制单这一环节中重新制作发票和箱单。

（三）操作要求

牢记信用证项下制单的原则：单证相符、单单一致。全面参阅前面各环节的内容和以前各情景主体的相关知识。单据的制作要细致、干净、没有错误。

（四）实训心得

写出这一环节实训体会。字数在200～400之间。

思考与实训 2－3：填写合同

SALES CONFIRMATION

S/C No. :

Date：

The Seller：

The Buyer：

We hereby confirm having sold to you the following goods on terms and conditions as stated below：

货物名称及规格 Commodity & Specifications	数量 Quantity	单价 Unit Price	总值 Amont
合计			
合同总额 Total Contract Value：			

PACKING：

PORT OF SHIPMENT：

PORT OF DESTINATION：

TIME OF SHIPMENT：

TERMS OF PAYMENT：

INSURANCE：

SELLER
（Authorized Signature）

BUYER
（Authorized Signature）

思考与实训3－1：填写开证申请书

IRREVOCABLE DOCUMENTARY CREDIT APPLICANTION

TO： Date：

<table>
<tr><td colspan="2" rowspan="2">Beneficiary (full name and address)</td><td>L/C No.
Contract No.</td></tr>
<tr><td>Date and place of expiry of the credit</td></tr>
<tr><td>Partial shipments
□allowed □not allowed</td><td>Transshipment
□allowed □not allowed</td><td>□Issue by airmail □With brief advice by teletransmission
□Issue by express delivery
□Issue by teletransmission (which shall be the operative instrument)</td></tr>
<tr><td colspan="2">Loading on board/dispatch/taking in charge at/from
not later than
for transportation to</td><td>Amount (both in figures and words)</td></tr>
<tr><td colspan="2" rowspan="2">Description of goods：

Packing</td><td>Credit available with
□by sight payment □by acceptance □by negotiation
□by deferred payment
Against the documents detailed herein
□and beneficiary's draft for % of the invoice value at
On</td></tr>
<tr><td>□FOB □CFR □CIF
□or other terms</td></tr>
<tr><td colspan="3">
Documents required：(marked with √)
1. ( ) Signed Commercial Invoice in copies indicating L/C No. And Contract No.
2. ( ) Full set of clean on board ocean Bills of Lading made out to order and blank endorsed, marked "freight [ ] to collect/ [ ] prepaid [ ] showing freight amount" notifying
3. ( ) Air Waybills showing "freight [ ] to collect/ [ ] prepaid [ ] showing freight amount" and consigned to
4. ( ) Memorandum issued by consigned to
5. ( ) Insurance Policy / Certificate in copies for % of the invoice value showing claims payable in China in currency of the draft, blank endorsed, covering ([ ] Ocean Marine Transportation / [ ] Air Transportation / [ ] Over Land Transportation) All Risks, War Risks.
6. ( ) Packing List / Weight Memo in copies indicating quantity / gross and net weights of each package and packing conditions as called for by the L/C.
7. ( ) Certificate of Quantity / Weight in copies issued by an independent surveyor at the loading port, indicating the actual surveyed quantity / weight of shipped goods as well as the packing condition.
8. ( ) Certificate of quality in copies issue by [ ] manufacturer / [ ] public recognized surveyor / [ ]
9. ( ) Beneficiary's certified copy of cable / telex dispatched to the accountees within hours after shipment advising [ ] name of vessel / [ ] fight No. / [ ] wagon no., date, quantity, weight and value of shipment.
10. ( ) Beneficiary's Certificate certifying that extra copies of the documents have been dispatched according to the contract terms.
11. ( ) Shipping Co.'s Certificate attesting that the carrying vessel is chartered or booked by accountee or their shipping agents：
12. ( ) Other documents, if any：
Additional instructions：
1. ( ) All banking charges outside the opening bank are for beneficiary's account.
2. ( ) Documents must be presented within days after the date of issuance of the transport documents by within the validity of this credit.
3. ( ) Third party as shipper is not acceptable. Short Form / Blank Back B/L is not acceptable.
4. ( ) Both quantity and amount % more or less are allowed.
5. ( ) Prepaid freight drawn in excess of L/C amount is acceptable against presentation of original charges voucher issued by shipping Co. / Air Line / or it's agent.
6. ( ) All documents to be forwarded in one cover, unless otherwise stated above.
7. ( ) Other terms, if any：
</td></tr>
</table>

Account No.： with (name of bank)

Transacted by： (Applicant：name, signature of authorized person)

Telephone No.： (with seal)

思考与实训 3－3：案件评析

1. 必须认真审核信用证及其修改，注意与合同是否相符，特别要认真理解关键语言的含义。

2. 注意对同一修改通知中的修改内容不允许部分接受。

3. 发生争议时应积极地与外方交涉，争取有利于自己的结果。事实上，在本案中，对“或（or）”的理解，我们完全有充分的事实和理由，通过法律的途径作出对我方有利的解释。

本案的启示：信用证的使用并没有彻底消除结算风险；信用证用语要正式、准确、清楚，避免造成双方的误解；从事国际贸易业务时，要积极沟通和确认，避免争议的发生。例如本案中，对信用证修改内容部分不同意，我方就应该与外方有所沟通。外方改变包装的真实含义，也应与我方沟通，或者我方也可以进一步确认后再进行包装，这样，就可以减少损失的发生。

思考与实训 4－1：案件评析

（1）我们从这个案例中首先学习到的应该是租船、订舱在出口装运中的重要意义。B公司不能按时派船属于违约，因为合同以 FOB 价格签订，买方负责安排运输，而买方不能派船直接导致卖方无法按时交货。以 FOB 价格术语签订的货物贸易合同中，交易双方在船、货衔接上要分外及时。买方要尽可能早的办理租船、订舱事宜；特别对于大宗运输货物，要提早了解船运市场行情。

（2）B 公司应当承担赔偿责任。《国际贸易术语解释通则（2000）》FOB 条款中规定，如果由于买方指定的船只未按时到达，或未接收卖方按规定交付的货物，或提早停止装货，或未按规定给予卖方有关船名、装船点和要求交货时间的充分通知，则自约定的交货日期或交货期限届满之日起，买方必须承担由此发生的一切额外费用（但以该项货物已正式划归该买卖合同项下为限）。

（3）B 公司所谓不能按时派船的原因是不可抗力这一点不成立。一方面，合同中的不可抗力条款没有具体包括关于运输船只安排这一项（通常的不可抗力条款中从来没有过）；另一方面，按着国际惯例，不可抗力的范围是不包括商业风险的，如价格的暴涨暴跌、汇率的突然升值或贬值、买方无力偿付货款、卖方的供货人无货、工厂机器故障、船期变更等。日本和俄罗斯等国大量运输农产品使得国际海运市场船只供应紧张是市场行为，属于商业风险。当然 B 公司自己也清楚这一点，所以提出“可以象征性支付一些赔偿”，而且也未再坚持不可抗力的说法。

（4）A 公司在本案中的处理方式方法应该说是比较妥善的，一方面坚持了自己的原则，要求对方给予损失赔偿；另一方面既然交货期不得不延迟，自然要从维护常年客户关系的角度上作出让步，后面在赔偿金额上的让步也是出于这一点上的考虑。

思考与实训 4－2：案件评析

首先，我们要从这个案例学到的是在进出口业务中投保货物运输险时险别的选定十分重要。因为它直接决定货物在运输途中可能遇到的风险和损失是否由保险公司来承担。《国际贸易术语解释通则（2000）》中规定，以 CIF 术语条件签订的合同，如果合同没有明确规定，卖方只需投保最低责任范围的险别。协会货物保险条款 ICC（C）、ICC（B）、ICC（A）、分别相当于中国人民保险公司海洋运输货物保险条款 CIC 中的 FPA（平安险）、WPA（水渍险）、All Risks（一切险）。“碰损、破碎险”在中国人民保险公司海洋运输货物保险条款中属于一般附加险之一，包含在一切险内，也就是说在协会货物保险条款中只有投保 ICC（A）才包括这个险种。英方投保了最低责任险自然就没有包括它。

其次，我方在签订合同时，针对保险条款的制定简单从事不能不说是一个失误。针对任何国际贸易合同货物的运输，都应该根据其特点和航线、运输工具的情况选择险别。对于进口合同来说，还要明确投保加成，并且尽可能选择 CFR 和 CPT 术语，便于在国内办理保险乃至出险时的理赔。

另外，要熟悉不同保险条款之间的相同点和差异，如上述协会货物保险条款和中国人民保险公司海洋运输货物保险条款。选择险别时还要注明条款和版本。

思考与实训 4－3：填写出口报关单

中华人民共和国海关出口货物报关单

预录入编号：　　　　　　　　　　　　　　海关编号：

出口口岸		备案号	出口日期	申报日期
经营单位		运输方式	运输工具名称	提运单号
发货单位		贸易方式	征免性质	结汇方式
许可证号	运抵国（地区）	指运港		境内货源地
批准文号	成交方式	运费	保费	杂费
合同协议号	件数	包装种类	毛重（公斤）	净重（公斤）
集装箱号	随附单据			生产厂家
标记唛码及备注				

项号	商品编号	商品名称、规格型号	数量及单位	最终目的国（地区）	单价	总价	币制	征免

税费征收情况

录入员　　录入单位	兹声明以上申报无讹并承担法律责任	海关审单批注及放行日期（签章） 审单　　审价
报关员 单位地址	申报单位（签章）	征税　　统计
邮编　　电话	填制日期	检验　　放行

思考与实训5－1：案件1评析

一审吉林省高级人民法院判决：驳回纽科公司的诉讼请求。纽科公司不服一审判决，提起上诉。二审最高人民法院判决：纽科公司的上诉理由不能成立，不予支持。原审判决认定事实清楚，适用法律正确，应予维持原判。

法院在判定过程中本则“遵守国际条约、尊重国际惯例”的原则，明确确认银行的做法“符合《跟单信用证统一惯例》之要求”。本案例中，因为单据不符合信用证要求，所以无法从开证行获得兑付。而纽科公司被侵权，显然是被最终用户侵权，但是受益人与侵权人之间的关系以及信用证当事人之间的关系是相互独立的两个法律关系。信用证项下各方不能利用其他基础交易项下关西作为对信用证关系的抗辩，最高人民法院的判断正确地将这些关系进行了区分。

思考与实训5－1：案件2评析

开证行的观点是：（1）开证行根据统一惯例规定，在开证申请人不同意接受不符点的情况下，拒绝兑付是正确的，受益人只能要求购销合同的当事人支付货款。（3）开证申请人在开证行留存的签字样本上有“易峰”和“武斌”两人的签名，两个人的签名是一个不可分割的整体，潮连公司提供的货物收据上的签名仅有易峰一人，属于不符点。开证行及时将不符点通知了开证申请人，开证行无过错。

一审湖南省高级人民法院审理后认为，受益人提交的单据存在着货物收据上之签字与开证行持有签字样式不符，违背了单据相符，单单相符的原则，开证行予以拒付是正当的，遂驳回受益人潮连公司的诉讼请求。

潮连公司上诉后，最高人民法院二审判决认为，开证申请人留存给开证行的货物收据签字样本通知书上盖有两个华隆进出口公司公章，在每个公章的授权签名处分别签有“易峰”和“武斌”的签名。而受益人提交给开证行的货物收据上仅盖有一个华隆进出口公司公章并仅有“易峰”一人的签名。该单据表面上的签字和银行留存的样本明显不符。根据UCP500的规定，银行只要发现单据表面上不服，则可以拒绝接受。本案开证行在发现不符点后，通知开证申请人，开证申请人拒绝接受不符点的情况下，拒绝承兑付款，符合统一惯例的有关规定，开证行并无过错，不应该承担责任，原审的判决是正确的，遂驳回上诉，维持原判。

从本案件可以看出，最高人民法院坚持的严格相符原则是极为严格的。并且在本案中，法院没有涉及的问题是，开证行只管单据和信用证条件或条款是否相符，银行没有义务也不可能了解或知晓合同当事人之间的特殊约定或特殊的贸易惯例。例如，本案中，当事人之所以采取软条款以及要求受益人提交单据须与开证行留存签字样本相符这一不太正常的做法，可能有当事人自己的考虑和约定，但是银行应该仅仅根据信用证的条款来审核单据是否相符。银行无法也无权判断留存的两个样本是否是相互独立的或是连成整体的，银行只要根据单据表面进行审单就可以了。本案中银行的做法是正确的。

本案的判决再一次表明，所有信用证中存在的“软条款”对信用证受益人是极端不利的，受益人要自己当心，不要接受包含“软条款”在内的信用证。

思考与实训 5－2：缮制全套信用证结汇单据

Dated

No. ____________

Exchange for ____________ ____________

At ____________ sight of this First of Exchange

(Second of the same tenor and date unpaid), pay to the Order of

____________ the sum of

____

Drawn under ____________

____

____

____

To ____________

____

____

商　业　发　票

COMMERCIAL INVOICE

发票编号：
Invoice No. ______________________　　　　日期：
Date ______________________

售与：
Sold to Messers ______________________

承运船名：
Shipped per S，S By steamer　　　　自
From ______________________

至
To ______________________

Marks & Nos.	Quantities & Descriptions	Amount

装 箱 单

PACKING LIST

MARKS & NOS AS PER

INVOICE No.

Date:

1.Shipper

许可证号JTL0008

B/L No.

2.Consignee

中远集装箱运输有限公司
COSCO CONTAINER LINES

TLX:33057 COSCO CN
FAX:+86(021) 6545 8984 **ORIGINAL**

Port-to-Port or Combined Transport
BILL OF LADING

3.Notify Party

RECEIVED in external apparent good order and condition except as otherwise noted. The total number of packages or units stuffed in the container, the description of the goods and the weights shown in this Bill of Lading are furnished by the Merchants, and which the carrier has no resonable means of checking and is not a part of this Bill of Lading contract.The carrier has issued the number of Bills of Lading stated below, all of this tenor and date one of the original Bills of Lading must be surrendered and endorsed or signed against the delivery of the shipment and whereupon any other original Bills of Lading shall be void. The Merchants agree to be bound by the terms and conditions of this Bill of Lading as if each had personally signed this Bill of Lading.

SEE clause 4 on the back of this Bill of Lading (Terms continued on the back hereof, please read carefully)

*Applicable only when Document Used as Combined Transport Bill of Lading

4.Combined Transport* Pre-carriage by	5.Combined Transport* Place of Receipt
6.Ocean Vessel Voy.No.	7.Port of Loading
8.Port of Discharge	9.Place of Delivery

Marks & Nos. Container/Seal No.	No. of Containers of Packages	Description of Goods (If dangerous Goods,See Clause 20)	Gross Weight kgs	Measurement
		Description of Contents for Shipper's use only(Not part of This B/L Contract)		

10.Total Number of Containers and/or packages (in words)
Subject to Clause 7 Limitation

11.Freight & Charge	Revenue Tons	Rate	Per	Prepaid	Collect

Ex. Rate:	Prepaid at	Payable at	Place and date of issue
	Total Prepaid	No.of Original B(S)/L	Signed for the Carrier,COSCO CONTAINER LINES

LADEN ON BOARD THE VESSEL
DATE BY
(COSCO STANDARD FORM 9803)

ORIGINAL

1. Exporter	Certificate No. CCPIT CERTIFICATE OF ORIGIN OF THE PEOPLE'S REPUBLIC OF CHINA
2. Consignee	
3. Means of transport and route	5. For certifying authority use only
4. Country / region of destination	

6. Marks and numbers	7. Number and kind of packages; description of goods	8. H.S.Code	9. Quantity	10. Number and date of invoices

11. Declaration by the exporter	12. Certification
The undersigned hereby declares that the above details and statements are correct,that all the goods were produced in China and that they comply with the Rules of Origin of the People's Republic of China.	It is hereby certified that the declaration by the exporter is correct.
Place and date,signature and stamp of authorized signatory	Place and date,signature and stamp of certifying authority

CERTIFICATE

MARKS & NOS AS PER　　　　　　　　　　　　　　　Date:

INVOICE No.

思考与实训 6－1：填写出口收汇核销单

出口收汇核销单
存根
（ ）编号 1250012345

出口单位：
单位代码：
出口币种总价：
收汇方式：
预计收款日期：
报关日期：
备注：
此单报关有效期截止到 年 月 日

出口收汇核销单
（ ）编号 1250012345

出口单位：				
单位代码：				
银行签审	类别	币种金额	日期	盖章
海关签注栏：				
外汇局签注栏 年 月 日（签章）				

出口收汇核销单
出口退税专用
（ ）编号 1250012345

出口单位：		
单位代码：		
货物名称	数量	币种总价
报关单编号：		
外汇局签注栏 年 月 日（签章）		

未经核销此联不得撕开

Dated

No. ....

Exchange for ....

At .... *sight of this* First *of Exchange*

(Second *of the same tenor and date unpaid), pay to the Order of*

.... *the sum of*

Drawn under ....

....

....

To ....

....

....

北 京 阳 光 贸 易 有 限 公 司

Beijing Sunshine Trading Co. , Ltd.

No. 36, Tianzhu Road, Chaoyang District, Beijing 100020, P. R. China

Fax. : 0086 - 10 - 88995511

发　　票
INVOICE

S/C No.

INVOICE No.

Date

From ______________________ to ______________________

For account and risk of ____

Marks & Nos.	Description Of Goods	Amount

北 京 阳 光 贸 易 有 限 公 司

Beijing Sunshine Trading Co. , Ltd.

No. 36, Tianzhu Road, Chaoyang District, Beijing 100020, P. R. China

Fax. : 0086 - 10 - 88995511

装 箱 单

PACKING LIST

S/C No.

INVOICE No.

Date

From ______________________ to ______________________

For account and risk of ____

Marks & Nos.	Description Of Goods

1.Shipper

许可证号JTL0008

B/L No.

2.Consignee

中远集装箱运输有限公司
COSCO CONTAINER LINES

TLX:33057 COSCO CN
FAX:+86(021) 6545 8984 **ORIGINAL**

Port-to-Port or Combined Transport BILL OF LADING

3.Notify Party

RECEIVED in external apparent good order and condition except as otherwise noted. The total number of packages or units stuffed in the container, the description of the goods and the weights shown in this Bill of Lading are furnished by the Merchants, and which the carrier has no resonable means of checking and is not a part of this Bill of Lading contract.The carrier has issued the number of Bills of Lading stated below, all of this tenor and date one of the original Bills of Lading must be surrendered and endorsed or signed against the delivery of the shipment and whereupon any other original Bills of Lading shall be void. The Merchants agree to be bound by the terms and conditions of this Bill of Lading as if each had personally signed this Bill of Lading.
SEE clause 4 on the back of this Bill of Lading (Terms continued on the back hereof, please read carefully)
*Applicable only when Document Used as Combined Transport Bill of Lading

4.Combined Transport* Pre-carriage by	5.Combined Transport* Place of Receipt
6.Ocean Vessel Voy.No.	7.Port of Loading
8.Port of Discharge	9.Place of Delivery

Marks & Nos. Container/Seal No.	No. of Containers of Packages	Description of Goods (If dangerous Goods,See Clause 20)	Gross Weight kgs	Measurement
		Description of Contents for Shipper's use only(Not part of This B/L Contract)		

10.Total Number of Containers and/or packages (in words)
Subject to Clause 7 Limitation

11.Freight & Charge	Revenue Tons	Rate	Per	Prepaid	Collect

Ex. Rate:	Prepaid at	Payable at	Place and date of issue
	Total Prepaid	No.of Original B(S)/L	Signed for the Carrier,COSCO CONTAINER LINES

LADEN ON BOARD THE VESSEL
DATE BY
(COSCO STANDARD FORM 9803)

中 国 人 民 保 险 公 司
THE PEOPLE'S INDUSTRANCE COMPANY OF CHINA

总公司设于北京 一九四九年创立

Head Office BEIJING Established in 1949

发票号码：

INVOICE No.

保 险 单
INSURANCE POLYCY

保险单号次

POLICY No.

被保险人：

Issured：--------------------------------

中国人民保险公司（以下简称本公司）根据被保险人的要求，由被保险人向本公司缴付约定的保险费，按照本保险单承保险虽和背面所载条款与下列特款承保下述货物运输保险，特立本保险单。

THIS POLICY OF INSURANCE WITNESSES THAT THE PEOPLE'S INSURANCE COMPANY OF CHINA (HEREINAFTER CALLED "THE COMPANY") AT THE REQUEST OF THE INSURED AND IN CONSIDERATION OF THE AGREED PREMIUM PAID TO THE COMPANY BY THE INSURED, UNDERTAKES TO INSURE THE UNDERMENTIONED GOODS IN TRANSPORTATION SUBJECT TO THE CONDITIONS OF THIS POLICY AS PER THE CLAUSES PRINTED OVERLEAF AND OTHER SPECIAL CLAUSES ATTACHED HEREON.

ONE ORIGINAL ONLY

标 记 MARKS & NOS	包 装 及 数 量 QUANTITY	保 险 货 物 项 目 DESCRIPTION OF GOODS	保 险 金 额 AMOUNT INSURED

总 保 险 金 额：

TOTAL AMOUNT INSURED --------------------------------

保 费 费率 装 载 运 输 工 具

PREMIUM---------------- RATE---------------- PER CONVEYANCE ----------------

开 航 日 期 ---------------- 自 FROM ---------------- 至 TO ----------------

承 保 险 别：

CONDITIONS

ORIGINAL

所保货物，如遇出险，本公司凭本保险单及其他有关证件给付赔款。如发生本保险单项下负责赔偿的损失或事故，应立即通知本公司下述代理人查勘。

CLAIMS, IF ANY, PAYABLE ON SURRENDER OF THIS POLICY TOGETHER WITH OTHER RELEVANT DOCUMENTS. IN THE EVENT OF ACCIDENT WHERE BY LOSS OR DAMAGE MAY RESULT IN A CLAIM UNDER THIS POLICY IMMEDIATE NOTICE APPLYING FOR SURVEY MUST BE GIVEN TO THE COMPANY'S AGENT AS MENTIONED HEREUNDER.

中 国 人 民 保 险 公 司 北 京 分 公 司

THE PEOPLE'S INSURANCE CO. OF CHINA

BEIJING BRANCH

赔 款 偿 付 地 点

CLAIM PAYABLE AT/IN --------------------------------

日 期

DATE --------------------------------

出 单 公 司 地 址：

ADDRESS OF ISSUING OFFICE --------------------------------

xxxxxxxxxxxxxxxxxx

XXX

北 京 阳 光 贸 易 有 限 公 司
Beijing Sunshine Trading Co. , Ltd.
No. 36, Tianzhu Road, Chaoyang District, Beijing 100020, P. R. China
Fax. : 0086 - 10 - 88995511

CERTIFICATE OF ORIGIN

INVOICE No. : Date:
TO:

ISSSUED BY
BEIJING SUNSHINE TRADING CO. , LTD.

____

(AUTHORIZED SIGNATURE)

主要参考文献

1. [美] 爱德华·G·辛克尔曼：《国际贸易单证》，董俊英译，经济科学出版社2003年版。

2. 郭燕、杨楠楠：《国际贸易案例精选》，中国纺织出版社2005年版。

3. 国际商务专业人员职业资格考试辅导委员会：《全国外销员从业资格考试应试指导及全真模拟测试 外经贸综合业务》，经济科学出版社2004年版。

4. 贺昆：《外贸业务员手册》，中国市场出版社2005年版。

5. 黄泰山：《出口营销实战》，中国海关出版社2005年版。

6. 江舟子：《国际贸易结算单据》，广东经济出版社2005年版。

7. 金塞波：《中国信用证法律和重要案例点评》，对外经济贸易大学出版社2002年版。

8. 李时民：《出口贸易》，北京大学出版社2005年版。

9. 凌华倍、朱佩芬：《外经贸英语函电与谈判》，中国对外经济贸易出版社2002年版。

10. 孟祥年：《出口单证实务》，合肥工业大学出版社2006年版。

11. 孟祥年：《国际贸易实务操作教程》，对外经济贸易大学出版社2005年版。

12. 吴百福：《进出口贸易实务教程》，上海人民出版社2003年版。

13. 幸理：《国际贸易实务实训教程》，华中科技大学出版社2006年版。

14. 张建华：《国际贸易实务模拟》，高等教育出版社2003年版。

15. 祝卫：《出口贸易模拟操作教程》，上海人民出版社2002年版。

责任编辑：王东岗
责任校对：董蔚挺
版式设计：代小卫
技术编辑：潘泽新

国际贸易业务实训

主编　侯海英　栾　红　副主编　王　洋　朱振荣
经济科学出版社出版、发行　新华书店经销
社址：北京海淀区阜成路甲28号　邮编：100036
总编室电话：88191217　发行部电话：88191540
网址：www.esp.com.cn
电子邮件：esp@esp.com.cn
北京密兴印刷厂印装
880×1230　16开　13.5印张　350000字
2007年3月第一版　2008年1月第二次印刷
印数：3001—6000册
ISBN 978-7-5058-6153-4/F·5414　定价：23.00元